3 시간에 끝장내는
초보사장 창업세금

3시간에 끝장내는 초보사장 창업세금

2021년 8월 20일 초판 인쇄
2021년 8월 25일 초판 발행

지 은 이 | 이장원·이성호·최성화
발 행 인 | 이희태
발 행 처 | 삼일인포마인
등록번호 | 1995. 6. 26. 제3－633호
주 소 | 서울특별시 용산구 한강대로 273 용산빌딩 4층
전 화 | 02)3489－3100
팩 스 | 02)3489－3141
가 격 | 17,000원

ISBN 979－11－6784－006－6 03320

3 시간에 끝장내는

초보사장 창업세금

이장원 · 이성호 · 최성화 지음

SAMIL | 삼일인포마인

머리말

세무사업을 하면서 주변에서 자주 보는 식당 및 커피숍부터 생소한 벤처사업을 운영 중인 스타트업까지 정말 다양한 창업형태를 직·간접적으로 경험하고 있습니다. 그러나 즐겨가던 식당이나 지인의 사업체가 폐업으로 인해 사라지게 되었을 때 왜 이렇게 사업의 폐업이 잦을까 하는 고민이 늘 있었습니다. 그래서 제 전문분야인 세금에서 초보 사장이 폐업이라는 최악의 상황에 부닥치지 않게 하려면 어떻게 하는 것이 좋을지에 대해서 도움이 되는 책을 써보겠다는 마음에서 집필을 시작하게 되었습니다.

그리고 집필을 하며 놀랐던 점은 대한민국의 모든 창업형태가 3년 이내에 50%가 폐업하고, 7년 이내에 80%에 육박하는 폐업률을 기록한다는 사실이었습니다. 폐업의 이유가 모두 경영상 어려움은 아니겠지만 정말 엄청난 비율이 아닐 수 없습니다.

종국에는 폐업할 수밖에 없었던 이유가 다양하겠지만 그중에서 세무사로서 최선을 다해 도와드릴 수 있는 창업 전반의 경영지식과 세금지식을 담아서 처음 창업하는 초보 사장의 경영에 대한 고민을 1%라도 줄여드리고자 심혈을 다했습니다.

코로나로 인해 더욱 힘들어진 경제 상황을 견디고 있을 많은 자영업자, 스타트업, 프리랜서 분들에게 이 책이 조그마한 돌파구를 마련해주길 간절히 바랍니다.

이번 책 정오 작업을 도와준 곽희준 세무사님께 큰 감사함을 전하며, 항상 장원세무사에서 큰 힘이 되어주는 박재영 세무사님, 김명수 세무사님, 김지희 대리님에게도 감사함을 전합니다. 마지막으로 항상 사랑하고 고마운 나의 아내와 아들, 그리고 가족과 친구 모두도 항상 건강하고 행복하길 기원합니다.

2021년 8월, 송파 사무실에서

세무사 **이장원**

머리말

하루가 다르게 변모하는 오늘날, 다양한 형태의 창업이 존재합니다. 더욱이 현대사회는 기존에 구분되었던 사업의 경계가 많이 모호해지고 새로운 종류의 창업이 많이 생겨나고 없어지는 시대가 되었습니다. 이처럼 창업의 종류가 다양해짐에도 불구하고 창업을 함에 있어 사장님이 반드시 필요로 하는 공통되는 세금지식은 신기하게도 큰 변함이 없음을 느낍니다.

필자가 세무사업을 하면서 그동안 수많은 상담을 통해 창업 사장님이 많이 고민하고 어려워하지만 직접 시간을 내어 전문적인 상담을 통하지 않는 이상 쉽게 자문 받거나 해결할 수 없는 경우가 많았습니다. 특히나 예비창업자나 프리랜서 분들의 경우 본연의 사업업무로 바쁜 와중에 창업과 관련한 여러 궁금증들에 대해 알기 쉽게 정리되어있는 창업세금 관련 책이 없다는 것도 사업에 어려움을 가중시키는 이유라고 생각되었습니다.

가령 창업 초기에 지출되는 경비에 대한 부가가치세 신고방법 등 기본적인 부가가치세 관련 상담이나 해마다 증가하는 최저시급에 따른 4대 보험 및 노동법관련 쟁점까지 사업자가 신경써야하는 부분은 한두 가지가 아닙니다. 더욱이 코로나라는 외부상황에 따라 자영업자가 세금 신고 시 적용받을 수 있는 감면규정 등에 대한 지식은 전문적인 상담이 아니라면 쉽게 설명 들을 수 있는 기회도 없습니다.

저자는 이번 책을 통해 창업을 염두에 두거나 이미 창업했지만 창업 세금에 대한 필수세금지식을 가감 없이 전달하고자 합니다. 부디 많은 자영업자분들에게 실무적인 궁금증을 해갈하는 소중한 역할을 기대해 봅니다.

끝으로 이 책 작업에 많은 노고를 보태준 최동진 반장님과 황인성 세무사님, 정혜령 세무사님께 감사의 말씀을 전합니다. 끝으로 항상 나를 지지해주는 고마운 아내와 가족들, 대한민국의 많은 자영업자 분들의 건강과 안녕을 기원합니다.

2021년 8월, 대구 사무실에서

세무사 **이성호**

머리말

창업을 준비하는 초보 사장님의 창업컨설팅을 진행하면서 자주 듣는 말이 있습니다.

"믿고 맡기겠다. 알아서 잘 해주세요. 저는 월급쟁이여서 잘 몰라요…."
지금까지 회사라는 그늘에서 근로소득자로 살아오셨던 세월이 길어서인지 사장님이 되어 창업한다는 것에 두려움이 있어 믿고 의지하고 싶은 마음은 이해하나 창업에서 믿을 건 본인뿐이고, 매일 터지는 다양한 이슈를 해결할 사람도 본인뿐이라고 항상 말씀을 드립니다.

저는 항상 초보사장님이 어려움을 마주했을 때 자립으로 해답을 찾아갈 수 있는 혜안을 기르는 법에 대해서 눈 뜨게 도움을 드리고 있습니다. 일시적으로 문제를 해결해 드릴 수는 있어도, 하루가 다르게 변화하는 창업 시장에서 며칠 전 지식은 이제 옛날 지식이 될 수 있으므로 매일 새로운 정보에 눈뜨고 본인의 사업에 접목하는 일은 다름 아닌 사장님 본인이 직접 하여야 합니다. 그리고 직접 실천하기 위해서는 정말 부단히 큰 노력과 공부를 하여야 합니다.

공저자분들과 집필하면서 세금 이외의 창업 때 챙겨야 할 핵심 사항들을 최대한 담아내기 위해서 노력했습니다. 창업과 세금에 다양한 요건까지 파악해야 하기에 참 어렵고 할 공부는 끝이 없다는 생각을 하게 됩니다.

내 가게가 생기기 전후에 해야 할 것들이 무엇인지 쉽게 확인할 수 있어 습관처럼 찾게 되는 책, 개인사업자가 인지하지 못한 세금에 한 부분이라도 더 도움이 될 수 있는 책, 다양한 창업지식에 대하여 일반 독자의 눈높이에 맞춰 설명하는 책이 될 것이라고 자부합니다.

부디 한 줄이라도 도움이 되어 창업하는 초보 사장님에게 빛이 되길 바랍니다. 마지막으로 공저자가 될 수 있는 영광을 주신 이장원 대표세무사님과 이성호 대표세무사님께 감사의 인사를 드립니다.

2021년 8월

CEO **최성화**

Contents

PART 3 인건비 신고와 노동법 지식

PART 4 부가가치세 지식

Contents

PART 5 사업자의 종합소득세 지식

PART 6 세무조사 지식

PART 7 세금 지식 이모저모

PART 1

3시간에 끝장내는 초보사장 창업세금

개업 전 필수 창업 지식

01 초보사장, 살아남기 위해서 세금공부는 필수!

통계로 보는 신생기업 생존율

2020년 중소벤처기업부 등에서 제출한 점포 철거 지원 실적 건수가 전년 대비 151% 증가하였고, 음식점 같은 경우는 신규 사업자와 폐업자를 비교했을 때 신규 대비 폐업 비율이 무려 92%에 달한다는 통계자료도 있습니다.

그러나 통계는 오류와 착각을 주는 바가 많기 때문에 자영업자가 실제로 참고해야 하는 통계는 기업의 생존율을 보는 것이 가장 적합합니다. 즉, 신생기업이 창업 후 몇 년간 살아남는지에 대한 통계자료를 실질적으로 본인에게 대입해보면 와 닿는 부분이 크게 되는 것입니다.

2018년도 산업별 신생기업 생존율

〈단위: %〉

산업별	1년 생존율	2년 생존율	3년 생존율	4년 생존율	5년 생존율	6년 생존율	7년 생존율
전체	63.7	52.8	44.7	36.7	31.2	26.1	22.8
도매 및 소매업	59.5	48.3	40.0	33.0	27.9	23.1	20.2
운수 및 창고업	70.6	62.9	58.2	50.0	43.8	36.7	33.6
숙박 및 음식점업	62.2	45.1	34.2	26.3	20.5	15.9	13.2
정보통신업	62.9	53.0	44.6	38.1	31.9	28.4	26.3
부동산업	64.4	60.2	54.6	44.6	40.5	35.8	32.3
전문, 과학 및 기술서비스업	66.0	55.4	48.9	41.0	37.4	32.6	28.9
사업시설관리, 사업 지원 및 임대서비스업	59.7	46.5	36.8	32.9	28.1	24.0	20.3
교육서비스업	61.2	51.5	41.1	34.4	28.4	23.5	19.8
보건업 및 사회복지 서비스업	81.3	70.9	63.3	54.7	45.0	36.5	33.8
예술, 스포츠 및 여가관련 서비스업	61.0	45.1	35.3	26.1	20.5	15.0	13.4
협회 및 단체, 수리 및 기타 개인서비스업	64.6	53.2	45.3	38.4	33.0	27.1	23.2

2018년도 지역별 신생기업 생존율

〈단위: %〉

지역별	1년 생존율	2년 생존율	3년 생존율	4년 생존율	5년 생존율	6년 생존율	7년 생존율
전국	63.7	52.8	44.7	36.7	31.2	26.1	22.8
서울	63.5	53.7	45.7	37.5	32.5	27.6	23.4
부산	65.0	53.2	45.2	37.0	31.9	26.9	23.4
대구	65.8	54.3	46.4	38.5	33.3	26.5	23.7
인천	63.6	51.9	42.7	35.0	29.2	24.3	21.4

지역별	1년 생존율	2년 생존율	3년 생존율	4년 생존율	5년 생존율	6년 생존율	7년 생존율
광주	62.7	51.0	42.3	34.3	28.8	23.7	19.7
대전	63.8	51.0	43.0	35.9	29.7	24.0	20.4
울산	61.7	49.9	41.1	32.7	29.0	24.4	21.6
세종	68.2	57.9	50.9	42.7	33.0	26.0	0.0
경기	64.4	54.1	45.5	37.5	31.9	27.0	23.8
강원	62.5	51.7	42.4	35.6	29.8	25.1	22.7
충북	63.3	51.6	43.6	36.3	29.1	24.1	21.0
충남	63.2	51.5	43.8	35.3	30.0	25.0	22.2
전북	63.4	51.1	45.1	38.3	31.3	25.2	22.3
전남	62.9	52.0	45.1	35.9	30.2	24.4	21.6
경북	61.9	51.5	43.9	36.0	30.9	25.5	22.8
경남	62.4	50.2	41.6	34.3	29.1	24.4	21.6
제주	65.4	52.9	46.6	39.0	31.6	25.9	22.2

KOSIS 국가통계포털에는 신생기업 생존율에 대한 가장 최근 통계로 2018년 정보가 수록되어 있습니다. 아마 2019~2021년의 자료가 더해진다면 좀 더 정확한 자료가 확인 가능해지겠지만, 우선 2018년 통계로 해석해 보겠습니다.

산업별과 지역별로 조금씩 상이함은 있겠지만 개업 이후 3년까지 생존율이 50%가 안 되고, 7년까지 생존율이 10~20%라는 점은 충격적인 통계가 아닐 수 없습니다. 단순히 장밋빛 미래를 생각하고 개업을 하게 되면 힘든 역경에 폐업이 될 수도 있겠다는 점 정도는 바로 파악이 되는 것입니다.

↗ 세금공부 왜 필요할까?

장기화된 코로나 전염병으로 인해 많은 국민이 생계가 어려워지자 부양책의 일환으로 큰 액수의 코로나 지원금을 풀었습니다. 이로 인해 시장은 유동성이 폭발하였으며, 이 넘치는 유동성과 맞물려 급등한 집값, 주식, 코인 시장까지 자산의 거품은 커졌습니다.

이로 인해 근로소득자는 근로소득으로는 일명 '벼락 거지'가 될 것이라는 불안감에 배달 아르바이트와 같은 부업으로 사업소득을 늘리거나 퇴직 후 사업을 하려는 문의가 줄을 잇고 있습니다. 거기에는 코로나 백신의 보급으로 인한 일상으로의 전환이 눈앞에 보이는 것이 한몫할 것입니다.

근로자일 때는 사실 세금에 대해서 알 필요가 거의 없습니다. 1년에 한 번 정도 연말정산을 앞두고 '알면 득이 되고, 모르면 독이 되는 연말정산 꿀팁' 정도의 포털 뉴스나 유튜브 동영상 정도로 본인의 세금에 대해서 알고 있으면 되고, 모든 세금신고는 사업주인 원천징수의무자가 대신 처리해주기 때문입니다.

그러나 사업자는 다릅니다. 사업자의 모든 납세의무는 본인이 직접 모든 세법을 익혀서 신고하거나 세금업무처리에 익숙한 세무대리인에게 의뢰하여야 합니다. 사실상 그 복잡한 세법을 모두 익혀서 직접 하기에는 시간이 나지 않아 힘들 수 있지만, 크지 않은 부업이나 사업을 계획 중이라면 직접 세금공부하여 신고해보는 것도 나쁘지 않습니다.

근로소득과 유사할 것으로 생각하여 세금을 고려하지 않고 사업을 하게 되었을 때 주로 접하게 되는 폐해는 반기마다 납부해야 하는 부가가치세를 전혀 고려하지 않은 사업자입니다.

예를 들어, A사장님은 유사 업체가 많은 요식업을 하면서 사업 초반에 가격경쟁력을 높이기 위해 부가가치세는 생각하지 않고 음식의 가격을 낮추었습니다. 가격경쟁력에서 우위를 점하게 되니 사업은 일순간 잘 되는 것으로 보입니다. 그러나 부가가치세 신고 시 납부하는 부가가치세를 보고 한 번 깜짝 놀라고, 이후 세금까지 고려한 본인의 손익 계산을 해보니 오히려 손실이 된 것을 깨달으며 두 번 놀라게 됩니다. 부랴부랴 음식 가격을 높이지만, 갑자기 올라간 음식 가격에 단골손님들은 하나 둘 떠나버리고 맙니다. A사장님과 같은 경우에는 다시 손익분기점을 넘기기 위해서 긴시간이 걸리거나 최악의 경우에는 폐업에 이를 수 있습니다. 그만큼 본인의 수익에서 세금까지 고려한 사업장 운영의 묘를 처음부터 반영했어야 했는데, 이 점이 부족하여 이러한 사단이 난 것입니다.

그리고 세금지식이 있어야 세무사에게 업무를 의뢰하더라도 서로 대화가 잘 통하게 됩니다. 세법에 쓰이는 용어들이 생소하지만, 해당 용어들과 세금계산 구조 정도만이라도 익히게 되면 세무대리인에게 듣는 세금 안내사항을 더 폭넓게 이해할 수 있고, 궁금한 점도 더 자세히 물어볼 수 있어 본인의 세금을 절세하는데 더 큰 도움이 될 수 있습니다.

또한, 단순히 세금의 신고 및 납부만을 위해서 세법을 공부하는 것이 아닙니다. 세금을 계산하기 위해서는 대개 '장부'라는 것을 작성하게 됩니다. 사업 기간의 모든 회계 거래를 기록하는 것입니다. 이렇게 돈을 주고받은 모든 거래를 기록하게 되고, 이를 통해서 내가 사업장 경영을 어떻게 하고 있는지 경영진단을 해 볼 수 있습니다.

작년과 비슷한 매출이 발생했었는데 매출원가는 올해 큰 폭으로 상승했다면 매출이익이 줄어들어 세금은 줄어들게 되겠지만, 사업장의 경비지출이 과도하게 되었다는 상황인식이 됩니다. 그러면 바로 경비 절감을 위해서는 어떻게 경영 합리화를 해야 할까라는 더 나은 사업장을 위한 발전이 가능한 것입니다.

또한, 최근에는 세금이 문제가 아니라 대출을 위해서 세금납부를 하겠다는 업체들도 많습니다. 사업장 운영을 위해서 대출을 받는 경우가 많고, 매년 그에 대해 적격심사를 하게 되는데 이때 사업장에서 손실이 났다면 납부세액이 없어서 마냥 좋아할 것이 아닙니다.

대출을 집행한 은행으로서는 사업장의 손실은 대출금 변제가 어려울 수 있다는 신호로 받아들일 수 있습니다. 은행에서는 매년 종합소득세 이후 사업장의 회계 내용을 재차 확인하여 신용도를 재평가하고, 이에 따라 대출금의 한도를 축소하거나 이율을 변경하게 됩니다.

대출 관련 제도는 매년 수시로 변경되고 있으며, 한국은행의 기준금리 상승에 대한 시장신호와 가계대출에 대한 규제가 커지고 있는 시국이므로 사업장의 원활한 자금운영을 위해서는 필수로 알아두어야 할 지식입니다.

결국 세금공부는 절세, 사업장 경영진단 및 대출 등 돈의 흐름을 원활히 하기 위해 필요하다고 볼 수 있습니다. 지금부터 사업자가 알아야 할 창업 및 세금지식에 대해서 하나씩 살펴보겠습니다.

02 사업자등록 전, 창업자금 지원사업 알차게 챙기기

↗ 창업관련 정부지원금 사업

창업 전 인테리어, 상가 임차보증금, 각종 집기 등 돈 들어갈 곳이 한두 군데가 아니어서 창업자금 마련이 막막할 것입니다. 본인 자금으로 전부 충당할 수 없는 상황이라면 국가에서 지원하는 다양한 정부 보조금 사업을 통해 초기 창업에 대한 부담감을 큰 폭으로 줄일 수 있습니다.

중소벤처기업부 창업진흥원에서 지원하는 '예비창업패키지'는 혁신적인 창업 아이디어를 보유한 예비창업자의 원활한 창업 사업화를 위하여 사업화 자금, 창업교육, 창업 멘토링 등을 지원하고 있습니다. 주요 내용으로는 창업 사업화에 드는 자금을 예비창업자당 최대 1억 원 한도로 지원하며, 전담 멘토를 매칭하여 바우처 관리 및 경영 · 자문 서비스, 예비창업자 창업교육(40시간) 프로그램을 제공합니다.

이외에도 창업 3년 이내의 초기 창업자를 위한 패키지, 창업 3년 이상에서 7년 이내인 기업을 위한 창업도약패키지 및 창업기업에 세무회계, 기술임치 비용을 70% 내에서 연간 100만 원까지 지원하는 사업 등 매년 예산을 편성하여 다양한 창업사업자에 대한 지원을 아끼지 않고 있습니다.

↗ 창업자 대출제도

예비창업자를 위한 대출제도도 다양합니다.

신용보증재단에서는 소상공인 창업자금 및 사업장 임차자금 특별 보증을 통해 사업자에게 지원하고 있습니다.

> ① 사업자등록(창업) 후 1년 이내인 서울시 소재 소상공인
>
> ② 업종 전환 및 사업장 이전의 경우, 전환 또는 이전 후 사업자등록증 기준 1년 이내인 소상공인
>
> ③ 예비창업자가 사업장 확보, 재단 또는 관계 기관에서 주최하는 창업교육 수료 및 재단의 창업컨설팅 이수

위 조건을 충족하면 업체당 3천만 원 이내에서 보증하며, 예비창업자가 '창업 전 컨설팅'을 수료하고 사업장 구비를 완료한 경우 최대 2천만 원 추가 한도도 부여받을 수 있습니다. 보증기간은 최대 5년입니다.

신용보증재단중앙회에서도 유망 예비창업자 사전보증제도를 통해 대출기준 최대 5천만 원까지 지원하고 있습니다. 유망 예비창업자 사전보증으로 창업 전 보증 한도를 심사 및 통지하고 보증지원 예정 통지 후 창업 시 보증을 지원합니다. 현재 사업자등록을 하지 않았지만 향후 사업자등록을 완료하고 3개월 이내 실질적으로 창업을 하려는 예비창업자 중 창업교육 · 컨설팅 교육을 이수하거나 지식재산권을 사업화하려는 이들이 대상입니다.

또한, 신용보증기금에서는 유망창업성장지원프로그램으로 창업 이전 예비창업자가 창업을 위해 소요되는 부족 자금을 사전심사를 통해 보증 예정통지를 받은 후, 실제 창업 이후에 해당 자금을 지원받는 보증인 예비창업보증을 창업 전 6개월 내인 사업자를 대상으로 지원하고 있습니다. 대상기업은 전문자격 보유, 교수 · 박사 · 연구원 등, 지식재산권 보유, 창업경진 대회 수상 등 차세대 성장산업, 창조형 서비스산업 등의 3가지 유형에 속하게 된다면 최대 10억 원까지 운전자금 및 시설자금을 지원받을 수 있으니 개업 전 자금이 필요하다면 폭넓게 상담을 받아보는 것이 좋습니다.

그 밖에 소상공인시장진흥공단에서도 상시근로자 5인 미만 업체(제조업, 건설업, 운수업, 광업은 10인 미만)에게 성장기반자금 등 다양한 정책자금으로 대출을 지원해주고 있습니다.

↗ 창업자금 지원사업 신청 전 필수 체크사항

다양한 창업지원제도들은 매년 국가의 정책 방향에 따라 예산 및 지원계획안이 신설 및 변경되기 때문에 수시로 관련 홈페이지 또는 기관에 전화 문의하여 확인하는 것이 좋습니다. 대부분 창업 준비는 6개월~1년 이전에 많이 하므로 미리 알아보는데 시간의 어려움은 없을 것입니다. 해가 바뀌는 시점에 새로운 지원정책이 쏟아져 나오므로 12월부터 관련 뉴스들과 기관 소식을 살펴보는 것이 제일 적합한 시점입니다.

정부보조금 또는 창업대출을 받을 때 주의할 점은 본인과 사업장에 대한 국세와 지방세가 절대 체납되면 안 된다는 것입니다. 세금 체납 기록이 있다면 기업의 신용도가 떨어지고, 대부분 대출의 필수 서류인 납세완납증명서 발급이 불가능해집니다.

그러므로 세금의 적시 납부는 사업장 운영을 위해서도, 그리고 창업자금 지원사업 신청을 위해서도 꼭 명심해야 합니다. 그러므로 사업장의 매출 및 사업형태와 개업 시기 등에 따라 다를 수 있지만 대개 사업을 시작하여 손익분기점을 넘기기 시작한다면 매출액의 10%가량을 1년간 납부하는 각종 세금을 위해서 예치해두는 것을 권하고 있습니다. 그 밖에도 최근 3개월의 신용카드 등 금융거래 연체 내용이 없어야 하며, 국민연금 등 4대 보험 공단에서의 가압류 사실 등이 존재하지 않아야 합니다.

창업 중 특히 스타트업의 경우에는 핵심 사업아이템과 기술을 보유하고 있다면 정책자금 지원에 아주 유리해질 수 있습니다. 스타트업의 장점을 표현하는 '사업계획서'에 핵심적으로 담아야 하는 내용은 창업사업의 기술성 및 사업성 관련 정보, 창업진에 대한 정보, 해외 진출 및 신기술이 국민경제에 이바지하는 정보 등입니다. 또한 사업계획서를 미리 작성해 둔다는 것은 정책자금 지원뿐만 아니라 투자처에 회사를 홍보하기 위한 하나의 핵심 자료가 되는 것이므로 미리 준비한다면 언제든 투자자를 모집할 때 도움이 될 수 있습니다.

나아가 정부지원금을 단순히 공돈이라고 생각해서는 안 됩니다. 정부지원금의 자금을 집행하기 위해서는 지원관련부처에 정확한 지출계획을 제출해야 하고, 아주 엄격한 기준에 맞춰 사후관리를 받게 됩니다. 목적과 맞지 않게 사용하는 경우에는 전액 회수되는 예도 있으므로 항상 정부지원금의 지원 목적 및 사용처에 맞춰서 주의를 기울여 자금을 운용하여야 합니다.

또한, 정부지원금이나 정책자금 대출을 받은 이후 창업에 대한 성과가 없다면 추가 지원금 신청 및 자금 대출 신청에 대해서 어려움을 겪을 수 있으니 창업에 대해서 진지한 마음으로 임해야 하는 것은 필수입니다.

tip 정부지원금도 세금을 내야 하나요?

무상으로 정부지원금을 받게 되면 이를 회계상 '국고보조금'이라고 하여 장부에 기록하여야 합니다. 무상의 정부지원금도 순자산이 증가하므로 일부 관련법에 명시된 비과세 소득을 제외하고는 소득세가 과세됩니다.

03 개업자금 마련, 어떻게 준비해야 할까?

개업 준비 중이라면 본인의 현재 개업자금이 얼마나 마련되어 있는지 확인하는 것이 첫 번째입니다. 본인의 예정사업 크기에 맞게 개업자금의 총액을 조사한 후 정부지원금과 창업대출로 부족한 자금은 대출 및 주변 사람에게서 빌려 개업을 하게 됩니다. 정확하게는 대부분 다음의 5가지 조달 방법을 혼합하여 개업자금을 마련하게 됩니다.

↗ 본인 자금

개업하기 전에 근로소득 등 부지런히 모은 본인 자금으로 개업하는 것을 가장 먼저 생각할 수 있습니다. 타인에게 손을 빌리는 것이 여간 어려운 일이 아니기도 하고, 그동안 모아놓은 자금도 넉넉하니 전혀 문제없을 것 같다면 다른 방식보다 자금 마련에 대한 시간과 노력을 줄일 수 있습니다. 또한, 대출금에 따른 이자 상환의 손실도 발생하지 않습니다.

그러나 사업소득에서 경비로 활용 가능한 대출금의 이자 비용 절세 효과를 활용할 수 없으며, 본인 자금을 개업자금 대신 다른 형태로 운용하여 얻을 기회 이득을 놓칠 수 있습니다. 추가로 본인 자금 중 소득세 신고가 되지 않은 소득에 대한 소명이 명확하지 않으면 개업 이후 자금출처조사가 시작될 수도 있습니다.

금융기관 대출금

담보 등을 제공하여 은행으로부터 자금을 대출받아 개업하게 되면 이자 비용에 대한 부담감이 있지만, 막대한 개업자금을 마련할 수 있습니다. 대출금의 이자 비용이 큰 부담으로 다가올 수 있지만, 이자 비용에 대한 절세효과에 대해 이제는 사업자 마인드로 접근하여야 합니다.

비용은 결국 줄이는 것이 최고라는 단순한 접근으로는 사업을 경영하는 데 있어서 기회 손실을 발생시킬 수 있습니다. 비용보다 더 큰 세액의 절감효과가 생길 수 있는지 계산을 통해 확인해보겠습니다.

보유현금 1억 원(예금 시 세후 2%인 200만 원 이자 수령 가능)이 있는 A씨가 1억 원 대출 시 3% 상당액의 이자 비용 300만 원을 지출하여야 한다고 가정하면, 이자 비용에 대한 절세효과는 어떻게 될까요?

소득세 누진세율 구간	6%	15%	24%	35%
이자 비용	300만 원			
이자 비용의 절세효과 (이자 비용×누진세율)	18만 원	45만 원	72만 원	105만 원

소득세 누진세율 구간	6%	15%	24%	35%
세후 이자 비용 ①	282만 원	255만 원	228만 원	195만 원
이자수익 ②	200만 원			
현금흐름 차이(①-②)	82만 원	55만 원	28만 원	△5만 원
판단	본인 자금 유리			타인 자금 유리

보유현금의 이자수익보다 더 큰 절세효과를 가지는 35%의 소득세율 구간부터는 대출자금이 더 유리함을 알 수 있습니다. 즉, 대출자금을 잘 활용하는 것도 절세방법이 되는 셈입니다.

물론 개업 초기에는 높은 누진세율 구간을 적용받는 소득이 발생하지 않을 수 있으니, 개업 이후 소득 구간이 높아졌을 때 대출금을 활용하여 사업자금 활용 및 이자 비용을 통한 절세전략을 꾀할 수도 있습니다.

↗ 가족에게 대여하기

개업 시 가장 든든한 후원자는 가족이므로 배우자나 부모에게 자금을 빌려 개업자금을 마련할 수 있지만, 무작정 가족으로부터 자금을 받게 되면 증여로 '추정'될 수 있습니다.

증여의 '추정'은 그 반대 사실에 대한 증명이 있는 경우에만 그 추정이 번복되는 것을 의미합니다. 만약 미성년자나 소득이 없는 자들이 고액의 부동산을 취득하였다면 그 취득자금이 제삼자인 가족으로부터 증여받았을 가능성이 아주 큽니다. 이때 국세청에서 그 증여 사실을 구체적으로 입증할 수가 없다고 하여 증여세를 매길 수 없게 된다면, 모든 부모는 자녀에게 맘껏 부의 이전을 하려고 할 것입니다.

그래서 「상속세 및 증여세법」에서는 이러한 미성년자 등이 고액의 부동산 등 재산을 취득하거나 배우자 또는 부모 등 직계존비속 간에 부동산 등을 거래하는 경우에는 이를 증여로 추정하는 '증여추정' 규정을 두고 있습니다.

증여추정은 납세자의 반증이 없는 한 증여로 추정하여 증여세를 매기는 것으로서, 납세자에게 증여가 아니라는 증명책임을 부여하고 있습니다.

국세청에서는 실무적으로 연령 · 세대주 · 직업 · 재산상태 · 사회 경제적 지위 등을 고려하여 재산취득일 전 또는 채무상환일 전 10년 이내에 해당 재산취득자금 또는 해당 채무상환자금의 합계액이 다음의 기준금액 미만이면 증여추정 규정을 적용하지 않습니다. 다만, 기준금액 이하 이더라도 취득가액 또는 채무연관 금액이 타인으로부터 증여받은 사실이라고 명확히 확인될 때는 증여세 과세대상이 된다는 점을 절대 잊지 않아야 합니다.

증여추정 배제기준

〈단위: 만 원〉

구분	취득재산		채무상환	총액한도
	주택	기타재산		
30세 미만	5,000	5,000	5,000	10,000
30세 이상	15,000	5,000		20,000
40세 이상	30,000	10,000		40,000

그러므로 개업자금을 일시 빌렸다면 사실에 기반을 둔 차용증 작성과 함께 이자 비용과 원금상환을 실제 사업용 계좌를 통해서 지급하고, 그 지급명세를 기록하여야 이자 비용을 사업용 경비로 인정받을 수

있습니다. 그렇지 않다면 증여추정에 대한 해명자료 안내 및 이자 비용 경비 불인정을 받을 수 있습니다.

가끔 국세청 조사가 시작되었을 때 차용증을 부랴부랴 작성하는 분들이 있습니다. 그러나 조사 직전에 작성한 차용증을 식별하는 것은 실무를 다루는 조사관으로서는 어려운 일이 아닙니다. 그러므로 차용증은 자금을 이체한 날에 바로 작성하는 것이 좋습니다.

물론 이자 지급 시 원천징수의무자의 의무를 잊어서는 안 됩니다. 지급되는 이자는 대금업을 영위하는 사업자가 아닌 자가 돈을 빌려주고 받는 이자가 되어 세법상 '비영업대금의 이익'으로 보게 됩니다. 비영업대금의 이익이란 보통 사채(私債)를 말하는데, 이자 지급 시 지방소득세를 포함하여 27.5%만큼 원천징수를 한 후 원천세를 신고 및 납부하여야 합니다.

채권자인 가족은 비영업대금의 이익을 포함하여 연중 금융소득의 합계가 2,000만 원을 넘는 경우 금융소득 종합과세가 적용되어 종합소득세 신고 및 납부의무가 발생하게 됩니다.

가족에게 증여받기

실질적인 차용형태가 아니라 실제 현금을 증여받고 증여세 신고를 하는 방법도 있습니다. 하지만 최저 10%에서 최고 50%까지 적용받는 고율의 증여세율이 상당히 부담될 수 있습니다. 특히 증여세는 자금을 받는 입장인 수증자가 납부하게 되므로, 창업자금을 증여받을 때 증여세까지 고려하여 더 많은 자금을 받아야 합니다.

참고로 우리나라 상속세 및 증여세율은 이미 OECD 중에서 최고 세율이고, 나아가 부모로부터 증여를 받았다고 가정하면 10년 내 추가 증여를 받게 되었을 때 이를 전부 합산하여 과세하므로 높은 누진세율을 적용받아 증여받은 자금의 절반인 50%가 세금으로 나가는 어처구니없는 상황이 펼쳐질 수도 있습니다.

그러나 다행히도 「조세특례제한법」에는 성인 자녀가 중소기업 창업 시 필요한 자금을 부모로부터 증여받을 때 아주 낮은 증여세율을 적용해주는 '창업자금에 대한 증여세 과세특례'가 있습니다.

18세 이상인 거주자가 일정 요건을 충족하는 업종을 영위하는 중소기업을 창업할 목적으로 60세 이상의 부모로부터 토지 · 건물 등 대통령령으로 정하는 재산을 제외한 재산을 증여받을 때는 「상속세 및 증여세법」에도 불구하고 해당 증여받은 재산의 가액 중 창업자금(증여세 과세가액 30억 원[창업을 통하여 10명 이상을 신규 고용한 경우에는 50억 원] 한도)에 대해서는 증여세 과세가액에서 5억 원을 공제하고 10%의 낮은 증여세율만을 적용받아 창업자금으로 활용할 수 있습니다.

그러나 창업자금에 대한 증여세 과세특례를 적용받은 후 실제로 창업을 하지 않거나 세법에 따른 가능업종 및 사용 목적에 창업자금이 사용되지 않을 때는 증여세와 상속세를 추징하고 1일마다 0.019~0.022%가 부과되는 이자 상당액도 가산세로 납부하여야 하니 증여받은 후 사후관리에 신경써야 합니다. 또한, 증여자가 사망하는 경우 증여재산가액을 증여받은 날부터 상속개시일까지의 기간과 관계없이 상속세 과세가액에 가산하여 상속세를 계산합니다.

창업업종 중소기업의 범위 예시

광업, 제조업, 수도, 하수 및 폐기물 처리, 원료 재생업, 건설업, 통신판매업, 대통령령으로 정하는 물류산업, 음식점업, 정보통신업, 금융 및 보험업 중 대통령령으로 정하는 정보통신을 활용하여 금융서비스를 제공하는 업종, 전문, 과학 및 기술 서비스업(변호사업, 변리사업, 법무사업, 공인회계사업, 세무사업, 수의업, 행정사무소, 건축사사무소 등은 제외), 사업시설 관리, 사업 지원 및 임대 서비스업 중 사업시설 관리 및 조경 서비스업, 사업 지원 서비스업, 사회복지 서비스업, 예술, 스포츠 및 여가관련 서비스업, 협회 및 단체, 수리 및 기타 개인 서비스업 중 개인 및 소비용품 수리업, 이용 및 미용업, 「학원의 설립 · 운영 및 과외교습에 관한 법률」에 따른 직업기술 분야를 교습하는 학원을 운영하는 사업 또는 「근로자직업능력 개발법」에 따른 직업능력개발 훈련시설을 운영하는 사업, 「관광진흥법」에 따른 관광숙박업, 국제회의업, 유원시설업 및 대통령령으로 정하는 관광객 이용시설업, 「노인복지법」에 따른 노인복지 시설을 운영하는 사업, 「전시산업발전법」에 따른 전시산업

↗ 부모명의 자산을 담보로 대출받기

부모명의의 자산을 담보로 대출받아 개업자금으로 활용하는 방법도 있습니다. 이 경우에는 반드시 본인 명의로 대출을 받고 실제 이자 지급도 본인의 사업용 통장에서 지출되어야 이자 비용을 경비로 인정받을 수 있습니다.

추가로 타인의 부동산을 무상으로 담보하여 금전 등을 차입함에 따라 이익을 얻었으면 그 이익에 상당하는 금액이 증여세로 추징될 수 있습니다. 물론 그 증여재산가액이 1년 단위로 1,000만 원 미만이면 제외가 되므로 덜컥 겁낼 필요는 없지만, 본인이 무상담보로 차입한 금액이 증여세

과세대상이 되지는 않는지 확인해보는 것이 좋습니다.

1년에 1,000만 원 이상이 되는 금액이 되기 위해서는 차입이자율이 0%라고 가정하였을 때 217,391,304원 이상의 차입금액이 설정되었을 경우이므로, 기준금액을 맞춰서 차입이자율을 설정하여야 합니다.

무상담보 증여재산가액(1년에 1,000만 원 이상일 때)
= 차입금×(4.6%-차입이자율)

04 단독개업 vs 공동개업

개업형태 결정은 사업자의 경영철학, 개업자금 여력, 사업의 최소 크기, 사업의 강점 및 지리적 이점 등 여러 가지 요인에 의해 결정됩니다. 핵심은 본인의 강점을 드러낼 수 있는 사업의 형태로 수익을 극대화할 수 있는 지역에서 개업하는 것입니다. 이때 본인 단독이 아닌 공동으로 사업을 진행하게 되었을 경우 사업이 더욱 극대화가 될 수 있는 업종도 있습니다. 그러면 단독개업과 공동개업의 장 · 단점을 살펴보겠습니다.

단독개업

가장 일반적인 개업형태입니다. 본인이 단독으로 경영을 살피며 개업 초기의 예측할 수 없는 자금 지출에 대한 위험성을 줄이는 형태입니다. 우선 비용을 최소화하고 혼자서 경영을 감당할 수 있는 규모로 단독 개업한 후 운영에 대한 묘를 배우고 3년에서 5년 이후 사업장을 확장하는 계획을 세우는 사장님도 많이 있습니다.

단독개업 후 배우자가 사업장에서 근무하면서 경영을 같이하는 경우도 생각해 볼 수 있습니다. 물론 본인과 배우자 각각 개업하여 경영 노하우를 공유하는 방식을 취하기도 합니다. 단독개업에 대한 어려움은 자금 마련과 모든 의사결정을 혼자서 하여야 한다는 점입니다.

공동개업

공동개업은 공동사업자 형태로 개업하는 방식입니다. 단독개업보다는 서로 의지할 수 있는 사업파트너가 큰 힘이 될 수 있습니다. 한편으로는 사업장 모든 이슈에 대해서 상호 동의가 되어야 하므로 의사결정 시간이 더 오래 걸리는 경우가 많습니다.

공동개업자 간 사업장을 운영하면서 다양한 의사결정과 역할을 정하기 위해서 가장 중요한 것은 합의가 적힌 동업계약서 작성입니다.

1) 동업계약서에는 어떤 내용을 작성하나요?

동업형태로 사업을 운영하면서 내부자 간 분쟁이 발생할 수도 있고, 외부와의 소송에 휘말릴 수도 있습니다. 그리고 장래에는 결별하고 청산의 문제가 발생할 수도 있습니다. 이러한 점을 염두에 두면서 작성한다고 생각하면 됩니다.

먼저 공동사업자들의 당해 사업에 대한 출자, 경영능력, 거래형성에 대한 기여도, 명성, 동업을 위한 출연재산 · 지식 · 기술 · 용역 및 기타 물건 등을 종합적으로 고려해 사업상 이해관계에 따라 출자지분율과 손익분배비율을 산정한 후 공동사업계약서를 작성하게 됩니다.

이렇게 공동사업계약서를 작성하여 사업자등록 신청 시 사업장 관할 세무서에 제출하여야 하는데, 손익분배비율이 중요한 이유는 이렇게 정해진 비율에 따라 수익과 비용의 부담 및 소득금액을 분배하고 종합소득세를 신고 및 납부하기 때문입니다.

기존영업자에게 신규자금을 출자하여 동업자로 참여하는 경우는 기존영업자의 재산 상황(적극재산, 소극재산 및 체납 사실)을 확인 평가하여 이를 명확히 기재하여야 합니다. 이는 기존영업자의 출자금에 해당하는데 여기에 기존의 영업권을 더하여 출자금을 산정하고, 해당 금원을 출자한 것으로 평가하고 지분을 산정하게 됩니다.

그 밖에 매월, 매 분기 또는 매년마다 일정한 이익 배분의 기준을 명시하고 이익분배하기로 정할 수 있으며, 이와 관련한 세금 규정을 명확히 기재하는 것이 좋습니다. 계약해지의 구체적인 사유가 없어도 동업 관계를 청산할 수 있는 조항과 계약이 종료된 경우 정산에 관한 규정을 두는 것도 필요합니다. 동업 관계가 종료될 경우 자신의 지분 비율에 따른 정산 이외에 실제 동업 관계종료에 원인을 제공한 책임자는 손해배상책임을 부담한다는 것을 정할 수도 있습니다.

동업계약자 중에서 일부가 탈퇴 시 소득과 권리금 등에 대한 정산 방법, 탈퇴 구성원이 재직한 기간에 발생할 수 있는 세무조사 등의 우발손실은 공동 책임으로 하기, 탈퇴할 때에는 최소한 3개월 전에 통보하고 그 3개월 동안에 발생하는 비용은 공동으로 부담한다는 등의 내용을 포함하는 것도 좋습니다.

그 외에 산업재해사고 발생 시 책임 문제, 탈퇴 후 일정기간 동일 지역에서의 경업 및 개업금지 의무 등도 고려해볼 수 있습니다.

2) 손익분배비율에 대한 추가사항

공동사업자 중 1인에게 경영참가 대가로 급료 명목의 보수를 지급한 때에는 당해 공동사업자의 소득분배로 보고 그 공동사업자의 분배소득에 가산합니다. 즉, 공동사업자에 해당하는 급여는 세법상 비용으로 인정하지 않고 사업소득의 분배로 보는 것입니다.

한편, 허위로 손익분배비율을 정하게 되면 '공동사업 합산과세'를 적용받게 됩니다. 이 제도는 거주자 1인과 공동사업장 구성원 간에 '특수관계'가 있고 생계를 같이하는 경우로서 손익분배비율을 거짓으로 정하는 사유가 있는 때에는 당해 특수관계인의 소득금액은 그 손익분배비율이 높은 공동사업자의 소득금액으로 보아 재계산하는 것을 말합니다.

당연히 손익분배비율이 높은 공동사업자의 소득세율은 고율이 되므로 징벌적으로 더 높은 세금이 부과되는 제재를 받습니다. 이때 그 특수관계인은 분배비율에 따른 그의 소득금액을 한도로 주된 공동사업자와 연대하여 납세의무를 집니다.

공동사업자 중 경영에는 참여하지 않고 현금투자만 한 후 이익을 분배받는 소득은 사업소득이 아닌 배당소득에 해당합니다. 따라서 이를 지급하는 자는 27.5%(지방소득세 포함)의 원천징수를 적용하고, 이를 받는 자는 배당소득에 따른 금융소득 종합과세로 신고 및 납부해야 합니다.

3) 출자금에 대한 이자 비용은 비용처리가 되나요?

공동개업 시 출자금에 대한 이자 비용은 경비인정이 안 되는 것으로 보고 있습니다. 그러나 개업 후에 대출 이자 비용은 사업 관련성이 있다면 인정됩니다. 창업의 출자금이라고 한다면 사실 거창한 것이 아니라 대부분 임대차보증금 정도의 액수입니다. 본인의 자금으로 임대차보증금 정도는 갈음하고, 그 이외의 사업장 운영을 위한 각종 지출금은 대출금으로 활용한다면 크게 문제가 되지는 않습니다.

4) 공동사업자는 성실신고를 어떻게 하나요?

공동사업자는 전체 매출액을 기준으로 성실신고확인대상에 포함되는지가 결정됩니다. 공동사업자의 전체 매출액이 성실신고확인 대상자 기준소득금액 이상이 되면 성실신고확인제도를 적용하여 신고하여야 합니다.

tip 세법에서 말하는 '특수관계인'이란?

세법에서는 '특수관계인'에게 더 엄격한 거래적용을 요구합니다. 그러면 특수관계인이란 어떤 관계를 말하는 걸까요?

구분	특수관계인의 범위
친족	1. 6촌 이내의 혈족 2. 4촌 이내의 인척 3. 배우자(사실상의 혼인 관계에 있는 자를 포함한다) 4. 친생자로서 다른 사람에게 친양자 입양된 자 및 배우자 · 직계비속
경제적 연관 관계	5. 임원과 그 밖의 사용인 연관 관계 6. 본인의 금전이나 그 밖의 재산으로 생계를 유지하는 자 7. 5. 및 6.의 자와 생계를 함께하는 친족
경영 지배 관계	8. 본인이 직접 또는 그와 친족 관계 또는 경제적 연관 관계에 있는 자를 통하여 법인의 경영에 대하여 지배적인 영향력*을 행사하고 있는 경우 그 법인 9. 본인이 직접 또는 그와 친족 관계, 경제적 연관 관계 또는 8.의 관계에 있는 자를 통하여 법인의 경영에 대하여 지배적인 영향력을 행사하고 있는 경우 그 법인 * 지배적인 영향력은 발급주식 총수 30% 이상을 출자한 경우, 임원의 임면권 행사 등 사실상 법인의 경영에 영향력을 행사하고 있다고 인정되는 경우입니다.

05 신규 개업 vs 기존사업 인수

신규로 개업할지 아니면 기존사업을 인수하여서 개업할지 고민이 큽니다. 개업형태에 따라 세금에서는 어떠한 이슈가 존재할까요?

↗ 신규 개업

신규 개업은 건물의 매수 또는 임대차 방법으로 진행합니다. 개업 초기의 자금 부족 및 추후 개업 장소의 이전을 쉽게 하기 위해 대부분은 임대차 방식으로 진행됩니다. 간혹 부모님의 건물에서 초기에 렌트프리 또는 시세보다 저렴한 임차료를 지불하고 개업하는 방식을 고민할 수도 있는데, 이때는 2가지 세금이슈를 검토해보아야 합니다.

1) 부동산 무상사용에 따른 증여세 추징 가능성

타인의 부동산을 무상으로 사용함에 따라 이익을 얻으면 그 무상사용 개시한 날을 증여일로 하여 다음의 계산식에 따라 계산한 각 연도의 부동산 무상사용 이익을 세법상 환산한 가액으로 증여재산가액을 계산합니다.

세법에서는 해당 부동산에 대한 무상사용 기간은 5년으로 하고, 무상사용 기간이 5년을 초과하면 그 무상사용을 개시한 날부터 5년이 되는 날의 다음 날에 새로 해당 부동산의 무상사용을 개시한 것으로 봅니다. 다행히 증여재산가액이 1억 원 미만이면 증여세를 부과하지 않습니다.

- 각 연도의 부동산 무상사용이익 = 「상속세 및 증여세법」상 부동산 시가평가액 ×2%(1년간 부동산 사용료를 고려하여 기획재정부령으로 정하는 율)
- 간편법: 각 연도의 부동산 무상사용이익×3.7908(이자율 10% 시 5년간 연금의 현가율)

2) 임차료의 적정성 검증

특수관계인 간에 무상 또는 시가보다 낮은 임대료로 제공한 경우에는 그 거래가액의 적정성을 살펴서 세법상의 시가와 거래가액의 차액이 3억 원 또는 시가의 5%에 상당하는 금액에 미달하면 차액 전체를 필요경비로 인정하지 않습니다. 이와 반대로 높은 이율·요율이나 임차료로 빌리거나 받은 경우에도 역시 부당행위계산의 부인대상에 해당합니다.

임차료의 적정 시가는 인근 부동산의 임대 실례, 부동산 위치·이용 상황·노후 정도 등 당해 부동산의 개별요인 등을 참작하여 사실판단하며, 유사한 임차료의 산정이 안 될 경우에는 다음과 같이 계산합니다.

(당해 자산의 시가×50%-보증금)
×정기예금이자율(연 1.2%)×제공일수/365

기존사업 인수

기존사업장의 물적·인적시설을 유상으로 양수하여 개업할 수 있습니다. 양수자는 양수자금을 최대한 절약하기 위해서 협상 테이블에 가져갈 만한 소스를 구하는 것이 핵심입니다.

양수도의 방식은 개별자산만 하는 경우와 포괄적 양수도 방식이 있습니다. 개별자산만 양수도 하는 경우는 필요한 설비 및 기기 등만 중고가격으로 구매하므로 채무를 승계하는 문제가 발생하지 않습니다. 핵심은 중고 설비 및 기기의 가치산정 문제만이 남게 되는데 양도를 하려는 사업장에서의 원 취득가액 및 잔존가치를 기준으로 산정하거나, 감정평가사를 통해 현재의 가치평가를 산정하는 방식 등으로 나눌 수 있습니다.

포괄적 양수도 방식은 사업에 대한 모든 권리와 의무를 함께 양수도 하는 방식입니다. 권리에는 사업에 관한 미수채권이나 영업상의 비밀, 상표권 등이 포함되며, 채무에는 미지급금이나 외상 매입금, 차입금과 선지급 받고 남은 용역, 신고기한이 도래하지 않은 각종 세금과 공과금 등의 채무도 존재합니다.

양수인 관점에서 특약 사항으로 특히 고려해야 할 것은 우발채무에 관한 것입니다. 양도인이 어떤 채무를 부담할지 확신할 수 없으므로,

양수인으로서는 이러한 점을 염두에 두어 계약서에 특약 사항으로 계약서상 적시한 채무 외 우발채무의 부담을 양도인에게 이행하게 하는 내용을 명시적으로 특약 설정해 놓아야 합니다.

사업양수도 계약에 있어서 핵심은 무형과 유형자산의 가치를 산정하는 방식인데 구체적이고 객관적인 평가를 위한 취득서류 등의 확인이 먼저 필요하며, 양도자와 양수자가 다툼이 생기는 것을 막기 위해서는 감정평가를 활용하는 것이 최선입니다. 그 이외에도 가공자산 및 부외부채의 존부 등이 없는지 세밀한 파악이 필요합니다. 이를 위해서는 포괄적 양수도 계약서의 부속서류로 유·무형의 자산에 대한 명세와 개별 인수가액을 협의하고 명시하는 것이 필수입니다.

마지막으로 포괄 양수도는 사업 자체가 양도대상이 되므로 사업과 관련 되는 영업상의 노하우 및 장소의 이점 등의 가치가 승계되면서 '권리금'이 발생하는 경우가 많습니다. 여기서 권리금이란 사업의 장소적 이점이나 영업허가권의 대가로서 수수되는 금전과 같이 어떤 권리를 양수하는 대가로서 수수되는 금전을 말합니다. 그러므로 권리금에 대한 평가 협상도 깊이 있게 할 필요가 있습니다.

「소득세법」상 부동산 등 사업용 자산과 함께 양도하며 지급되는 권리금은 양도소득으로 분류되고, 부동산과 별개로 지급되는 소득은 기타소득에 포함되어 종합소득세가 과세됩니다.

기타소득으로 과세될 시 권리금 관련 경비가 없더라도 권리금 총액의 60%는 필요경비로 의제하여 인정받을 수 있으며, 지급 시 필요경비를 제한 금액의 22%(지방소득세 포함)를 원천징수하고 차액을 양도자에게 지급하면 됩니다. 양수 후에는 권리금을 무형자산으로 계상하여 5년간

정액법으로 감가 상각하여 비용처리가 가능합니다.

가끔 권리금을 신고하지 않는 방식으로 계약을 맺는 경우가 있습니다. 이 경우 양수자로서는 권리금 총액에 대해서 비용처리할 수 없게 될 수 있다는 점에 유의해야 합니다.

06 임대차계약서 작성 전 필수 확인사항

상가건물을 취득할 수도 있지만, 대부분 임대차계약을 맺고 임차하여 사업을 시작합니다. 상가건물에 대한 임대차계약서 작성 시 알아야 할 지식은 어떤 것이 있을까요?

상가건물에 대해서는 「상가건물 임대차보호법」의 기본 지식이 필요합니다. 「상가건물 임대차보호법」은 상가건물 임대차에 관하여 「민법」에 대한 특례를 규정하여 국민 경제생활 안정을 보장합니다. 이 법은 법적 요건을 갖춘 건물에 대해서는 10년간 계약갱신 요구권, 보증금 및 임대료 증액 제한, 우선변제받을 권리 등을 규정하고 있습니다. 이 중 계약갱신권은 지역의 유대관계를 쌓아 단골을 만들어야 하는 사업에서는 필수적인 체크사항입니다.

「상가건물 임대차보호법」의 적용을 받기 위해서는 관할 세무서장에게 사업자등록 신청 시 임대계약서 원본에 세무서장으로부터 확정일자인을 받아야 합니다. 이때 임차인은 임차건물의 임차 부분도면, 사업자등록증, 임대차계약서(원본 및 사본 1부)를 지참하여야 합니다. 도면은 대개 본인이 기억하는 상가건물의 위치를 안내받은 종이에 그리거나 준비된 도면을 제출하면 됩니다.

↗ 상가임대차 보호받는 보증금 범위

다음의 보증금액을 초과하는 임대차에 대해서는 상가임대차 보호를 적용받을 수 없습니다.

① 서울특별시: 9억 원

② 「수도권정비계획법」에 따른 과밀억제권역(서울특별시는 제외) 및 부산광역시: 6억 9천만 원

③ 광역시(「수도권정비계획법」에 따른 과밀억제권역에 포함된 지역과 군 지역, 부산광역시는 제외), 세종특별자치시, 파주시, 화성시, 안산시, 용인시, 김포시 및 광주시: 5억 4천만 원

④ 그 밖의 지역: 3억 7천만 원

* 여기서 보증금과 차임(월세)이 같이 있는 경우에는 '차임(월세) x 100 + 보증금'으로 비율 환산하여 그 적용대상인지를 확인하여야 합니다.

↗ 우선변제받을 권리

임차인은 보증금 중 일정액을 다른 담보물권자보다 우선하여 변제받을 권리가 있습니다. 이 경우 임차인은 건물에 대한 경매신청 등기 전에 사업자등록 및 확정일자를 받아야 합니다.

우선변제를 받을 임차인 및 보증금 중 일정액의 범위와 기준은 임대건물 가액(임대인 소유의 대지 가액 포함)의 1/2 범위에서 해당 지역의

경제 여건, 보증금 및 차임 등을 고려하여 정하게 됩니다. 임차인의 보증금 중 일정액이 상가건물 가액의 1/2을 초과하면 상가건물 가액의 1/2에 해당하는 금액에 한하여 우선변제권이 생깁니다.

① 우선변제를 받을 임차인의 보증금과 차임의 범위는 다음의 금액 이하로 합니다.

1. 서울특별시: 6,500만 원
2. 「수도권정비계획법」에 따른 과밀억제권역(서울특별시는 제외한다): 5,500만 원
3. 광역시(「수도권정비계획법」에 따른 과밀억제권역에 포함된 지역과 군 지역은 제외), 안산시, 용인시, 김포시 및 광주시: 3,800만 원
4. 그 밖의 지역: 3,000만 원

② 우선변제를 받을 보증금의 범위는 다음의 금액 이하로 합니다.

1. 서울특별시: 2,200만 원
2. 「수도권정비계획법」에 따른 과밀억제권역(서울특별시는 제외한다): 1,900만 원
3. 광역시(「수도권정비계획법」에 따른 과밀억제권역에 포함된 지역과 군 지역은 제외), 안산시, 용인시, 김포시 및 광주시: 1,300만 원
4. 그 밖의 지역: 1,000만 원

↗ 임대차 존속기간 10년 보장

임대인은 임차인이 임대차기간이 만료되기 6개월 전부터 1개월 전까지 사이에 계약갱신을 요구할 경우 정당한 사유 없이 거절하지 못합니다. 갱신되는 임대차는 전 임대차와 동일한 조건으로 다시 계약된 것으로 봅니다.

그러나 임대인이 예외적으로 계약연장을 거부할 수 있는 다음의 사유가 있습니다.

① 임차인이 3기의 차임액에 해당하는 금액에 이르도록 차임을 연체한 사실이 있는 경우

② 임차인이 거짓이나 그 밖의 부정한 방법으로 임차한 경우

③ 서로 합의하여 임대인이 임차인에게 상당한 보상을 제공한 경우

④ 임차인이 임대인의 동의 없이 목적 건물의 전부 또는 일부를 전대(轉貸)한 경우

⑤ 임차인이 임차한 건물의 전부 또는 일부를 고의나 중대한 과실로 파손한 경우

⑥ 임차한 건물의 전부 또는 일부가 멸실되어 임대차의 목적을 달성하지 못할 경우

⑦ 임대인이 다음 각 목의 어느 하나에 해당하는 사유로 목적 건물의 전부 또는 대부분을 철거하거나 재건축하기 위하여 목적 건물의 점유를 회복할 필요가 있는 경우

가) 임대차계약 체결 당시 공사시기 및 소요기간 등을 포함한 철거 또는 재건축 계획을 임차인에게 구체적으로 고지하고 그 계획에 따르는 경우

나) 건물이 노후 · 훼손 또는 일부 멸실되는 등 안전사고의 우려가 있는 경우

다) 다른 법령에 따라 철거 또는 재건축이 이루어지는 경우

⑧ 그 밖에 임차인이 임차인으로서의 의무를 현저히 위반하거나 임대차를 계속하기 어려운 중대한 사유가 있는 경우 임차인의 계약갱신요구권은 최초의 임대차기간을 포함한 전체 임대차 기간이 10년을 초과하지 아니하는 범위에서만 행사할 수 있습니다.

보증금 및 임대료 증액 제한

차임 또는 보증금이 임차건물에 관한 조세, 공과금, 그 밖의 부담 증감이나 경제 사정의 변동으로 인하여 상당하지 아니하게 된 경우 임대인은 장래의 차임 또는 보증금에 대하여 증감을 청구할 수 있습니다.

그러나 증액의 경우에는 청구 당시 차임 또는 보증금의 5% 이상 비율을 초과하지 못하며, 임대차계약 또는 약정한 차임 등의 증액이 있은 후 1년 이내에는 증액하지 못합니다.

보증금의 전부 또는 일부를 월 단위의 차임으로 전환하는 산식은 다음과 같습니다.

① 보증금을 월세로 전환 시 계산식은 [보증금×전환율* ÷12]

② 월세를 보증금(전세)으로 전환 시 계산식은 [월세×12÷전환율*]

* Min(한국은행 기준금리 0.5%(2021. 7. 15.)×4.5배, 12%), 2021년 7월 현재 전환율은 2.25%, 보증금 1억 원을 월세로 전환한다면 월 187,500원이 됩니다.

↗ 권리금 회수기회 보호

임대인은 임대차기간이 끝나기 6개월 전부터 임대차 종료 시까지 권리금 계약에 따라 임차인이 주선한 신규임차인이 되려는 자로부터 권리금 지급받는 것을 방해해서는 안 됩니다. 다만, 법에서 정하는 일정 사유가 있는 경우에는 그러하지 아니할 수 있습니다.

↗ 상가 임대차계약서 작성 시 특약 사항 체크포인트

임대차계약서 작성 시 특약 사항이 사업장 운영에 큰 영향을 미칠 수 있습니다. 그러므로 동 건물에 동업종이 개업하지 않는다는 사항, 주차장 및 에어컨 등 상가건물의 초기 옵션에 대한 명시를 서로 현장 확인 후 기재하고 파손에 대한 책임소재 및 기 상가건물에 밀려있는 전기세, 수도료 등의 현황에 대해서도 임대차 개시일 이전에 명확한 정리를 약속하는 특약 사항을 기재하는 것이 좋습니다.

임차료 부분에서는 임차료 이외에 건물의 공동관리비에 대한 명시 및 건물주와 임차료 수령자의 성함 일치여부 등 일반적으로 확인하여야 하는 임대차계약서 명시사항을 꼭 체크하기 바랍니다. 기타 자세한 사항은 임대차계약을 진행하는 공인중개사 또는 법무사를 통해 확인하는 것이 좋습니다.

마지막으로 사업자는 매월 상가 임차료 및 관리비에 대한 세금계산서 또는 현금영수증 발급이 잘 되었는지 수령여부를 체크해야 합니다. 대부분 상가 임대하는 사업자는 건물주가 직접 세금계산서 등 세금업무를 처리하므로 매월 정기적으로 발급하는 것을 잊어버리는 일이 간혹 발생하기 때문입니다. 본인의 소중한 필요경비는 본인이 챙겨야 합니다.

상가임대차 보호받는 보증금을 초과한다면 전세권 등기를 설정하자

「상가건물 임대차보호법」에 보호받는 보증금을 초과하여 고액임차인에 해당한다면 「상가건물 임대차보호법」의 일부만 적용①받게 되므로 대부분 전세권 등기를 설정하여 권리를 보호받습니다. 전세권 등기의 실익이 무엇인지 항목별로 살펴보겠습니다.

1) 확정일자

기준이 되는 보증금을 초과한다면 확정일자를 받아도 의미가 없고, 「상가건물 임대차보호법」에 규정하는 우선변제권을 가질 수 없으므로 이를 확보하기 위해서 부득이 전세권 등기를 하게 됩니다.

그 이유는 전세권은 부동산의 사용 · 수익을 목적으로 하는 용익물권이지만, 등기부상 기재된 전세권의 존속기간이 도과하더라도 등기된 전세금의 범위 안에서는 담보 물권적 효력을 유지하게 되기 때문입니다.

① 이 법이 고액임차상가에 예외적으로 적용되는 범위는 제3조(대항력), 제10조 제1항(임대차기간이 만료되기 6개월 전부터 1개월 전까지 사이에 계약갱신 요구), 제2항(최초의 임대차기간을 포함한 전체 10년의 계약갱신 요구 기간), 제3항 본문(차임과 보증금증감청구권을 제외한 전 임대차와 동일한 조건), 제10조의2(계약갱신의 특례), 제10조의3(권리금의 정의 등), 제10조의4(권리금 회수기회 보호 등), 제10조의5(권리금 적용 제외), 제10조의6(표준권리금계약서의 작성 등), 제10조의7(권리금 평가 기준의 고시), 제10조의8(차임연체와 해지) 및 제19조(표준계약서의 작성 등)이다.

2) 보증금의 회수

임대인에게 이행의 제공을 하여야만 집행개시의 요건이 충족되어 경매를 신청할 수 있고, 우선변제권이 없으므로 반드시 임차권 내지 전세권 등기를 하여야 보호받을 수 있습니다.

3) 묵시적 갱신

고액임차상가에는 「민법」이 적용되므로 전 임대차와 동일한 조건으로 다시 임대차한 것으로 봅니다. 존속기간에 관하여 일반 임차인과의 차이가 있게 되는데, 전 임대차의 기간이 3년이었다면 묵시적 갱신으로 인한 존속기간도 3년이 되는 것입니다. 한편, 전세권은 기간의 정함이 없는 것으로 봅니다.

이때 전세권자가 아닌 경우 「민법」에 의하여 양 당사자가 언제든지 해지 통고를 할 수 있고 해지 통고를 받은 날로부터 임대인이 해지 통고한 경우 6월, 임차인이 해지 통고한 경우 1월이 경과하면 해지의 효력이 발생합니다.

전세권의 경우에는 「민법」에 따라 양 당사자가 언제든지 전세권 소멸을 통고할 수 있고, 상대방은 이 통고를 받은 날로부터 6개월이 경과하면 전세권은 소멸합니다.

4) 차임증감청구권

전세권 등기가 설정된 경우 「민법」에 따라 증액의 경우 5% 비율을 초과하지 못하나, 전세권 등기가 되어 있지 않은 고액임차상가의 경우에는 별도의 규정이 없으므로 소송 등을 통하여 정해질 수밖에 없습니다.

5) 강행규정

「상가건물 임대차보호법」의 규정에 위반된 약정으로서, 임차인에게 불리한 것은 효력이 없고 이는 강행규정입니다. 하지만 고액임차상가는 이 법이 적용되지 않으므로 쌍방의 협의가 우선합니다.

tip 건물주가 간이과세자라며 월세 세금계산서 발급을 안 해준다면?

간이과세자라고 모두 세금계산서를 발급할 수 없는 것은 아닙니다. 직전연도 공급대가 4,800만 원 이상인 간이과세자는 2021년 7월 1일 이후 공급하는 재화 또는 용역부터는 세금계산서 발급이 의무화되며, 만일 발급하지 않을 시 가산세가 부과됩니다. 만약 건물주가 간이과세자라면서 세금계산서를 발급해주지 않는다면 바뀐 세법을 말하고 이를 요구하는 것이 좋습니다.

만약 발급해주지 않더라도 세법에서는 간이과세자로부터 부동산임대 용역을 제공받은 경우 법정지출증빙 특례규정을 통해서 그 임차료를 금융 기관을 통해서 지급한 송금명세서가 있다면 경비로 인정받을 수 있고, 증빙 불비에 따른 가산세도 적용되지 않습니다.

07 상가건물 취득은 누구 명의가 좋을까?

확실한 입지라면 부동산의 가치상승까지 고려하여 상가건물을 취득할 수 있습니다. 상가건물 취득 시 명의에 대한 세법검토를 해보겠습니다.

↗ 본인 단독명의 취득

본인의 자금으로 단독 취득한다면 어떤 점을 살펴봐야 할까요?

① 본인의 취득자금 소명이 가능한가?

→ 상가건물 취득자금의 부족함으로 인해 증여세 등 세무조사가 발생할 수 있습니다.

② 본인 취득자금의 대출금 이자 비용은 어떻게 되는가?

→ 건물에서 사업장을 경영한다면 사업연관 이자 비용이므로 경비처리가 가능합니다.

③ 건물의 감가상각비는 경비 처리되나요?

→ 본인의 건물에 대해서 감가상각비는 종합소득세 경비처리가 가능합니다. 그러나 추후 건물을 양도계획 중이라면 일시적

으로 누적된 양도차익에 대해 높은 세율이 적용되는 양도소득세 계산 시 현재 경비 적용받았던 감가상각비는 다시 경비로 중복 적용이 불가능하고, 오히려 취득가액을 차감시키는 효과를 가져와 양도소득세를 증가시키게 됩니다. 그러므로 추후 양도 시 양도소득세가 부담된다면 감가상각비 경비처리는 권하지 않습니다.

↗ 배우자 단독명의 취득

배우자 단독명의로 취득 후 배우자로부터 임차한다면 어떤 점을 살펴봐야 할까요?

① 배우자의 취득자금 소명이 가능한가?

→ 상가건물 취득자금의 부족함으로 인해 증여세 등 세무조사가 발생할 수 있습니다.

② 배우자는 상가임대업 사업자등록 후 상가임대소득이 발생 시 어떤 점을 고려해야 할까요?

→ 우선 배우자의 타 소득을 고려해야 합니다. 배우자를 통해 상가를 취득하여 배우자에게는 임대소득이 발생하고, 사업장에서는 임차료가 경비 처리되므로 본인 사업장의 매출이 높아 소득세 적용 구간이 높이 적용된다는 것을 가정하여 누진세율을 분산시키는 효과가 있습니다. 그러나 배우자 소득 역시 많다면 상가임대업에서 벌어들이는 소득의 분산효과가 크지 않을 수 있습니다.

③ 배우자 소득을 낮추거나 사업장의 경비를 높이기 위해 임대료의 저가 또는 고가 설정을 할 수 있나요?

→ 세법에서는 특수관계인인 가족 등과 사업상 거래를 부당하게 하여 이익을 본 자에게 소득을 세법상 인정하는 금액만큼 높여 세 부담을 지우게 합니다. 이를 '부당행위계산부인'이라고 하며, 시가가 불분명한 경우에는 부동산의 임대 실례, 부동산 위치 · 이용상황 · 노후 정도 등 당해 부동산의 개별요인 등을 참작하여 사실판단하며, 유사한 임차료의 산정이 안 될 경우에는 다음과 같이 계산합니다.

다음 산식의 금액을 적정한 임대료로 보아 이 금액을 초과하는 금액이 시가와 3억 원 이상 또는 시가의 5% 중 적은 금액과 비교해 차이가 난다면, 차액에 대해서는 필요경비로 인정하지 않습니다.

(당해 자산의 시가×50%−보증금)
×정기예금이자율(연 1.2%)×제공일수/365

부부 공동명의 취득

부부 공동명의 취득은 어떤 점을 살펴봐야 할까요?

① 부부 공동명의 취득 시 취득자금 소명의 장점이 있나요?

→ 부부 중 1인이 취득자금이 없더라도 배우자 간에는 10년 내 6억 원까지 증여재산공제를 적용받아 추가 증여세가 발생하지 않습니다. 건물 가액이 20억 원이라면 지분의 30%까지는

증여세가 발생하지 않으면서 지분 일부를 배우자와 공동명의로 취득할 수 있고, 자금 소명도 증여로 인한 취득이므로 소명할 수 있습니다.

② 본인이 공동사업자 중 한 명인 상황에서 사업장과 임대차계약서를 맺고 임차료를 지급할 수 있나요?

→ 지급 가능하며, 시가에 맞춰 임대료를 설정해야 합니다.

③ 공동명의의 추가 장점은 어떤 것이 있을까요?

→ 추후 부동산 임대소득과 상가 양도 시 발생하는 양도차익이 인별로 분산되므로, 종합소득세와 양도소득세 절세효과를 볼 수 있습니다.

↗ 부동산 임대법인을 통한 취득

부동산 임대법인을 설립하여 취득하면 어떤 점을 살펴봐야 할까요?

① 부동산 임대법인의 취득자금 소명이 가능한가?

→ 신생법인은 법인 내 자금 자체가 부족하므로 법인의 주주 또는 임직원의 대여금, 은행의 대출금 등으로 자금을 조달할 수밖에 없습니다. 신생법인이라면 은행은 신용도가 없는 법인에게 거액의 대출을 승인해주지 않을 수 있어서 자금조달이 어려울 수 있습니다.

② 법인세는 소득세보다 낮으므로 무조건 유리한 것 아닌가요?

→ 법인세는 소득세보다 상대적으로 세율이 낮지만, 법인의 소득은 개인의 소득이 아닙니다. 법인의 소득을 법인 대표의 소득으로

생각하면 오해는 발생하게 됩니다. '법인'은 어디까지나 별개의 인격체이므로 법인의 소득을 법인 대표가 마음대로 지출한다면 횡령이 될 수 있습니다.

정당한 방식으로 법인의 소득을 법인 대표 또는 주주에게 지출하는 방법으로는 근로를 통한 근로소득과 배당을 통한 배당소득으로 나눌 수 있으며, 관련 소득세도 납부하여야만 개인의 소득으로 활용할 수 있습니다.

tip 부동산 공동명의 시 건강보험료는?

만약 배우자가 직장가입자이고 본인은 배우자의 피부양자라면 건강보험료의 부담이 없습니다. 피부양자는 직장가입자에게 주로 생계를 의존하는 배우자, 직계존비속 및 형제·자매로서 소득 및 재산이 보건복지부령으로 정하는 기준 이하에 해당하는 사람을 말합니다.

하지만 다음의 건강보험 직장가입자의 피부양자 부양요건에 해당하면서 소득 및 재산요건을 충족하지 못하게 되면 본인 홀로 지역가입자가 되어 건강보험료를 납부하여야 합니다.

1. 소득요건(다음 요건을 모두 충족하여야 함)

① 이자·배당, 사업, 근로, 연금, 기타소득이 연간 3,400만 원 이하일 것

② 사업소득이 없을 것. 다만, 피부양자가 되려는 사람이 장애인, 국가유공자, 보훈보상대상자 또는 사업자등록이 되어있지 않지만, 사업소득의 연간 합계액이 500만 원 이하이면(주택임대소득이 있는 경우는 제외) 사업소득이 없는 것으로 봅니다.

③ 피부양자가 되려는 사람이 폐업 등에 따른 사업중단 등의 사유로 소득이 발생하지 않게 된 경우, 「도시 및 주거환경정비법」에 따른 주택재건축사업으로 발생한 사업소득을 제외하면 ① 및 ②의 요건을 충족하는 경우 등 관계 자료에 의하여 공단이 인정한 경우

④ 피부양자가 되려는 사람이 기혼자인 경우에는 부부 모두 ①부터 ③까지의 요건을 충족하여야 한다.

2. 재산요건(이 중 어느 하나에 해당하여야 함)

① 토지, 건축물 및 주택에 관한 재산세 과세표준의 합이 5억 4천만 원을 초과하면서 9억 원 이하이고, 이자·배당, 사업, 근로, 연금, 기타소득의 합계액이 연간 1천만 원 이하일 것

② 토지, 건축물 및 주택에 관한 재산세 과세표준의 합이 5억 4천만 원 이하일 것

최근 부동산 공시가격의 현실화로 토지의 과세표준인 공시지가 역시 상승률이 높은 편입니다. 부부간의 증여 전에 건강보험료 피부양자 박탈 기준에 배우자가 속하지는 않는지 꼭 확인 후 증여하는 것도 절세방법 중 하나입니다.

08 어려운 세금 문제, 어디에 물어보죠?

사업 초기에는 모든 부분에서 궁금한 점이 너무 많습니다. 많은 정보는 창업카페 및 블로그 등에서 어느 정도 알 수 있지만, 세금과 같은 전문 분야에 대해서는 철 지난 지식을 잘못 알고 적용하였다가 큰일 난다는 창업선배들의 말을 들었던 차라 세금의 궁금한 점은 어디에 물어봐야 할지 막막하기만 합니다. 세무대리인을 수임하고 있지 않다면 국세청에서 제공하는 다음의 다양한 상담창구를 통해 본인의 상황에 맞는 답변을 받을 수 있습니다.

↗ 국세상담센터 126

전국 어디서나 국번 없이 126번(평일 9:00~18:00)으로 전화한 후 음성안내에 따라 상담 분야(세목 번호)를 선택하면 상담관과 연결되어 전화 상담이 가능합니다. 항상 많은 상담전화로 인해 대기시간이 어느 정도 있는 편입니다.

↗ 국세청 홈택스 사이트

'국세청 홈택스(www.hometax.go.kr)'에서 핫이슈 상담사례, 인터넷 상담사례, 자주 묻는 상담사례 등 유사사례를 검색하면서 궁금증을 해결할 수 있으며, 검색결과에 만족하지 못한 경우 궁금한 내용을 질문하면 48시간(토요일, 공휴일 제외) 이내에 신속히 답변해 주고 있습니다.

↗ 방문상담

제주특별자치도 서귀포시 서호북로 36(서호동 1514번지) 방문상담실로 방문하면 친절하게 상담받을 수 있습니다. 기타 지역 거주자는 가까운 세무서 납세자 보호 담당관실을 방문하여 상담하여도 됩니다.

↗ 국세법령정보시스템 인터넷 사이트

국세법령정보시스템에서는 다양한 세목에 대한 구체적 법규 및 심판과 법원 판례들을 검색하여 찾아볼 수 있습니다. 세법 관련 용어에 익숙하지 않은 초보자가 접하기에는 다소 어려울 수 있습니다.

↗ 세법해석 사전답변제도

세법해석 사전답변은 납세자가 자신의 사업 또는 자신과 직접 관련된 특정한 거래에 관한 세법해석 사항이면 법정 신고 기한 전에 누구든지 모든 세목에 대해 질의신청할 수 있습니다. 세법해석 사전답변제도는 전화 상담, 인터넷 상담 등과 다르게 답변에 대한 구속력이 있습니다. 그만큼 국세청에서는 답변을 신중하게 하므로 답변을 받기까지 긴 시간이 걸릴 수 있습니다.

세법 상담방법 정리표

구분	전화 상담	인터넷 상담	서면질의	세법해석 사전답변
질의 · 회신 방법	전화	인터넷	서면	서면
질의 기한	없음			법정신고기한 전
질의 내용	단순 세법 상담		일반적 세법해석	개별적 · 구체적 세법해석
구속력	없음			있음

tip 신고 · 납부 세목과 보통징수 세목

세금은 납부방식에 따라 신고 · 납부 세목과 보통징수 세목으로 나눌 수 있습니다.

신고 · 납부 세목은 납세의무 성립 후 일정기간 이내에 납세의무자 스스로가 과세표준과 세액을 신고하고 동시에 납부하는 것으로서 납세의무자의 성실성을 존중하는 제도지만, 이를 이행치 않을 때는 가산세가 부과됩니다. 이는 과세관청보다 납세의무자가 과세정보를 더 정확히 알고 있으므로 일차적으로 납세의무자에게 조세채무의 확정절차를 맡기는 제도입니다.

지방세로는 취득세가 대표적이고, 국세로는 종합소득세, 부가가치세, 양도소득세, 법인세가 대표적입니다. 증여세와 상속세는 신고 및 납부 의무가 있지만, 신고 이후 국세청에서 신고의 적정성을 조사하여 결정하고 추가 징수액이 발생하면 이를 통지하고 있습니다.

보통징수 세목은 국가가 세액을 더 잘 계산할 수 있는 경우로서 추상적으로 성립된 납세의무에 대하여 그 내용의 확정 권한이 과세관청에 부여되어 있습니다. 즉, 과세관청의 부과처분으로 세액이 확정되며, 납세고지는 곧 부과처분의 성격을 가집니다.

지방세에서의 재산세와 국세에서의 종합부동산세가 대표적입니다.

PART 2

3시간에 끝장내는 초보사장 창업세금

사업자등록 시 필수 세금 지식

01 연중 세금신고 일정표를 통해 알아보는 사업자의 핵심세금 3가지

연중 세금신고 일정표

기한 내 신고의무를 이행하는 것은 가산세를 발생시키지 않으므로 세금업무의 핵심이라고 할 수 있습니다. 매월, 매 분기, 매년 진행되는 반복적인 업무를 월별 일정을 보면서 체크하고, 미리 납부할 세금을 준비하는 자금 운용 계획도 필요하므로 개업 시 기본 지식으로 숙지하는 것이 좋습니다.

시기	주요 세무업무
매월 반복 업무	매월 10일: 직전월 원천징수 법인세 · 종합소득세 · 지방소득세 납부 전월 거래분 전자세금계산서 발급기한, 4대 보험 고지분 납부 매월 15일: 고용 · 산재보험 근로 내용 확인신고 매월 말일: 직전월 일용근로소득 지급명세서 제출 직전월 인적용역 사업소득 간이지급명세서 제출
1월	25일: 전년도 2기 부가가치세 확정 신고 및 납부 31일: 종합소득세 중간예납분 분납 기한
2월	10일: 전년도 귀속분 면세사업자 사업장 현황신고 28일(말일): 전년도 귀속 연말정산 마감 전년도 귀속분 지급명세서 제출

시기	주요 세무업무
3월	10일: 전년도 귀속분 지급명세서 제출(일용직 제외) **31일: 12월 말 결산법인 법인세 신고 · 납부** 공익법인 등의 세무확인서, 출연재산 등에 대한 보고서 제출
4월	**25일: 1분기 부가가치세 예정신고 · 납부** 30일: 12월 말 결산 공익법인의 결산서류 등 공시 12월 말 결산법인 법인세 신고분 지방소득세 신고 및 납부
5월	**31일: 종합소득세 확정 신고 및 납부(지방소득세 포함)** 사업용 계좌 변경, 추가 신고기한
6월	10일: 하반기 부가가치세 주사업장 총괄납부 신청 및 포기신고, 사업자 단위, 과세사업자 등록 **30일: 성실신고확인서 제출대상 개인사업자 종합소득세 확정 신고 및 납부,** 사업용 계좌 신고기한, 소규모사업자 하반기 원천세 반기별 납부 승인신청기한
7월	10일: 상반기 소규모사업자 원천세 반기별 납부 **25일: 부가가치세 확정 신고 · 납부** 31일: 재산세 고지분 납부
8월	31일: 12월 말 결산법인 법인세 중간예납
9월	30일: 종합부동산세 과세특례신고-임대주택 합산배제 신고
10월	**25일: 3분기 부가가치세 예정신고 · 납부**
11월	30일: 종합소득세 중간예납세액 납부 및 중간예납 추계액 신고
12월	10일: 차년도 1기 부가가치세 주사업장 총괄납부신청 및 포기신고 차년도 1기 부가가치세 사업자 단위 과세사업자 등록 15일: 종합부동산세 고지분 납부 또는 신고 · 납부 30일: 소규모사업자 원천세 반기별 납부 승인신청

- 표기한 일자는 기한 마지막 날입니다.
- 기한 마지막 날이 공휴일이면 공휴일이 끝난 날의 다음 날이 기한이 됩니다.
- 법인은 결산 월에 따라 법인세 신고기한이 달라집니다.

↗ 사업자가 알아야 할 핵심세금 3가지

세무일정 중 개인사업자가 핵심적으로 익혀야 하는 세무업무는 다음 3가지입니다.

> ① 매월 10일까지 신고 · 납부하는 원천세(인건비)
>
> ② 매 반기(1월, 7월) 25일까지 신고 · 납부하는 부가가치세(4월, 10월은 예정고지)
>
> ③ 매년 5월까지 신고 · 납부하는 종합소득세

적어도 위 3가지 세금에 대해서는 사업장 운영을 하면서 꼭 인지하여야 합니다. 여기서는 간략하게 정의만 살펴보고, 각 PART에서 자세히 살펴보도록 하겠습니다.

1) 매월 10일까지 신고 · 납부하는 원천세(인건비)

원천세는 사업자가 근로자 등 소득자에게 각종 소득을 지급할 때 국가를 대신해서 원천징수 후 세금을 대납하는 것을 말합니다. 근로자가 매월 본인의 세금업무를 직접 처리한다는 것은 불가능에 가깝고 행정적으로도 낭비가 심하므로, 사업자를 원천징수 의무자로 지정하여 대신 징수 및 납부하게 하는 것입니다.

2) 매 반기(1월, 7월) 25일까지 신고 · 납부하는 부가가치세

부가가치세는 상품 등을 판매하거나 용역 서비스를 제공할 때 내는 세금입니다. 부가가치를 창출한 매출액을 통해서 종합소득세의 매출액이 확정되고 매입 자료를 통해 매입액이 확정되는데, 그 신고 및 납부가 1년에 2차례 발생하기 때문에 사업장 수익구조를 예측하는 뼈대가 되는 세금입니다.

3) 매년 5월까지 신고 · 납부하는 종합소득세

종합소득세는 연간 벌어들인 소득에 대한 세금으로 소득의 주체가 개인일 경우 납부하게 됩니다. 본서에서는 대부분의 창업형태인 개인사업자를 대상으로 서술하므로 종합소득세를 중심으로 설명하고 있습니다. 사업자는 대부분 사업소득만을 가지고 종합소득세 신고를 하지만, 사업 이외에도 근로소득이나 기타소득 등이 발생했다면 각종 소득들을 종합적으로 합산하여 1년에 한 번 신고하는 것이 종합소득세 입니다.

02 드디어 사업 시작! 사업자등록을 하자

↗ 사업자등록을 안하게 되면?

국세청에 사업자등록을 하여야 정식으로 사업장을 운영할 수 있으므로 사업상 독립적으로 재화 또는 용역을 공급하는 사업자는 사업자등록을 하여야 합니다. 사업자는 사업장마다 사업 개시일부터 20일 이내에 사업장 관할 세무서장에게 사업자등록을 신청하여야 하며, 신규로 사업을 시작하려는 사람은 사업 개시일 이전이라도 사업자등록을 신청할 수 있습니다.

가끔 본인은 일 년에 큰돈을 벌지 않고 부업으로 하니까 국세청에서 관심도 없을 것이므로 사업자등록을 하지 않아도 되고, 그러면 세금도 안내게 되니 일석이조라고 말씀하는 분들이 있습니다. 주로 오픈 마켓에서 개인 회원 자격으로 판매하거나 SNS에서 상품 및 중고 물품 거래 등을 통해 수익을 창출하는 분들이 자주 이러한 생각을 합니다.

결론부터 말하자면 상품을 구입하는 소비자는 경비인정을 통해 본인의 연말정산 또는 사업의 필요경비로 활용하고 싶어 할 수 있습니다. 특히 상품에 불만이 생기게 되었을 때는 사업자에게 괘씸한 생각이 들어 이런저런 빌미를 찾고는 하는데, 이때 사업자등록을 하지 않게 된 것이 적발되면 그동안 발생한 모든 매출에 대해서 부가가치세 및 종합소득세에 다음의 가산세가 추가로 발생하게 됩니다. 그러므로 사업자등록을 하지 않고 사업을 한다는 것은 처음부터 생각하지 않는 것이 좋습니다.

> ① 사업자 미등록가산세: 사업개시일~등록신청한 날의 직전일까지의 공급가액 합계액 1%
>
> ② 무신고가산세: 신고세액의 20%(부가가치세와 종합소득세)
>
> ③ 납부지연가산세: 법정납부기한의 다음 날~실제 납부일까지의 기간 × 1일 당 0.019~0.022%

↗ 사업자등록 전 영업신고, 등록 또는 허가 완료하기

사업자등록 전 본인의 업종유형에 대해서 먼저 파악해야 합니다. 업종은 크게 영업허가 등이 필요 없는 자유업종과 영업신고, 등록 또는 허가를 필요로 하는 비자유업종으로 나눌 수 있습니다. 본인의 업종이 비자유업종이라면 업종에 따라 영업신고, 등록 또는 허가를 완료한 후 관할 세무서 또는 홈택스에서 사업자등록이 가능합니다.

자유업종은 대부분 완제품을 판매하는 소매점이 해당됩니다. 대표적으로 의류점, 화장품점, 가방점, 신발점, 휴대폰 판매점, 문구점, 서점, 일반사무실 등이 있습니다.

영업신고는 일정한 요건을 갖추어 해당 시 · 군 · 구청에 제출 시 개별법에 따라 서류에 이상이 없는 경우 즉시 발급이 되는 것을 말합니다. 예를 들어 음식점의 경우 「식품위생법」에 근거하여 위생교육 이수증이 필요하며, 그 외 보건증, 신분증, 임대차계약서 등의 관련서류 구비 및 해당 상가의 정화조 등의 설비, 구조상의 문제가 없다면 구청에서는 영업신고증을 발급해줍니다. 대표적으로 일반음식점, 휴게음식점, 제과점, 정육점, 세탁업, 만화방, 숙박시설 등이 있습니다.

영업등록은 자격증, 자격요건에 관한 증빙으로 영업에 관련된 일정한 사실이 기재된 등록 신청서를 해당 시 · 군 · 구청에 제출하여 등록하는 것입니다. 자격요건을 갖춘 것이 증빙되면 등록증을 발급받을 수 있으며, 관할 세무서에 영업등록증을 포함한 서류를 제출하면 사업자등록이 가능합니다. 대표적으로 대인등록은 약국, 병 · 의원, 안경점, 세무사 사무실 등 자격증이나 면허가 있어야 하는 업종이고, 대물등록으로 학원, 독서실, 노래방, PC방, 출판사 등이 있습니다.

영업허가는 영업 시 공공의 안전 · 질서 · 공익을 해칠 우려가 있는 업종으로 일반적으로 금지되어 있는 행위를 특정인에 대해 해제하는 성격의 행정처분으로 일정 요건을 갖추어 신청해도 허가 여부는 현장 등의 심사가 진행된 후 결정하는데 종합적 고려가 필요하여 다소 까다롭습니다. 대표적으로 단란주점, 유흥주점, 유료직업소개소 등이 있습니다.

↗ 사업자등록 및 통신판매업 신고

업종 파악이 끝났다면 본인 창업업종에 맞는 신고·등록 또는 허가를 마친 후 관련 서류를 지참하여 일선 세무서 방문 또는 국세청 홈택스 사이트를 통해 사업자등록을 할 수 있습니다. 사업자등록 전 미리 본인의 업종에 대한 파악 및 관련서류를 알아보아서 재방문 등의 번거로움을 줄이는 것이 좋습니다. 시간이 많이 부족하다면 세무대리인을 통해 진행하는 것도 좋습니다.

요즘은 부업을 하는 직장인들이 참 많습니다. 이렇게 직장인들도 사업을 운영한다면 사업자등록을 꼭 하여야 합니다. 특히 온라인 쇼핑몰, 프리랜서 등 업종에 따라서 사업장이 필요 없는 경우에는 본인이 거주하는 집으로 사업자등록을 신청할 수 있습니다.

직장인이 사업자등록 전 확인할 사항은 근로소득은 원천징수 의무자인 사업자가 연말정산까지 본인의 세금 업무를 처리해주지만, 사업소득은 직접 본인 또는 세무대리인을 통해서 근로소득과 합산신고해야 한다는 점과 회사의 취업 규칙 등에 규정되어 있는 경업 또는 겸업금지 사항이 있다면 이에 대한 위험을 숙지하고 사업 여부를 결정하여야 한다는 점입니다.

요즘은 스마트 스토어 등 인터넷 전자상거래가 사업에서 일상화되었기 때문에 사업자등록 이후에는 바로 통신판매업 신고까지 마무리 짓는 것이 좋습니다. 직전연도 동안 통신판매의 거래횟수가 50회 미만인 경우와 「부가가치세법」상 간이과세자인 경우에는 통신판매업 신고를 하지 않을 수 있지만, 추후 잦은 통신판매와 매출의 증가로 등록하게 되는 번거로움이 있을 수 있으니 사업자등록 후 바로 신고하는 것이 좋습니다.

통신판매업 신고는 정부24 사이트 또는 시 · 군 · 구청에 방문하여 간단한 신고서만 작성하면 마무리할 수 있습니다. 인터넷 도메인이 없는 스마트 스토어의 경우에는 오픈마켓의 이름을 입력하고, 선지급식 통신판매의 경우에는 '구매안전서비스 이용 확인증'을 제출하여야 합니다.

통신판매업자가 추후 등록사항이 변경되거나 휴업, 폐업, 영업 재개할 경우 이를 특정기한 내에 신고하지 않으면 과태료가 나올 수 있습니다. 항상 사업 중 변경사항이 생기면 변경사항에 대한 신고를 잊지 않도록 합니다.

사업자등록증이 발급되면 바로 해야 할 일이 있습니다. 우선 사업자등록증 발급 이전에 사업 준비를 하며 지출한 비용에 대한 세금계산서 등을 발급받지 않은 상황이라면 각 매입처에 사업자등록증 사본을 직접 또는 메시지를 통해 전달하여 세금계산서를 발급받아야 합니다. 사업자등록증 사본에는 꼭 전자세금계산서를 발급받을 본인의 이메일과 연락 가능한 전화번호를 적은 후 전달하는 것은 기본입니다.

지출한 경비에 대한 기록은 제때 하는 것이 좋습니다. 일정 시기가 지나면 개업 초기에 어수선한 상황에서 지출한 비용에 대한 적격증빙들을 잊어버려서 놓치는 경우가 많기 때문입니다.

다음으로 본인의 휴대폰 콜센터에 전화하여 본인의 휴대폰 요금 역시 사업용으로 인정받기 위해서 사업자등록번호를 등록하여 부가가치세 매입세액 공제 및 경비인정을 받아야 합니다. 이렇게 휴대폰, 전화요금, 전기요금, 상가 임차료 등 사업과 관련된 모든 고정 지출처에 사업자등록번호를 등록하여 매입세액공제 및 필요경비 인정을 받아야 합니다.

그렇지 않으면 관련경비가 매월 개인이름으로 발급되어 부가가치세 매입세액공제를 받지 못하게 될 수 있습니다. 가장 기초적인 사항부터 본인의 적격증빙을 챙기는 연습이 필요합니다.

↗ 사업자 명의대여 시 제재

실제 사업을 하는 사업자는 본인의 이름으로 사업자등록을 하여야 합니다. 명의대여 시 사업과 관련한 각종 세금이 명의를 빌려준 사람에게 나옵니다. 명의를 빌린 사업자가 세금을 내지 않으면 명의를 빌려준 사업자가 세금을 납부해야 하며, 다른 소득이 있을 경우 소득합산으로 세금부담은 더욱 크게 늘어납니다. 만약 세금을 못 낼 경우 명의를 빌려준 사업자의 재산이 압류·공매되고 신용불량자가 되는 등 큰 피해를 볼 수 있습니다. 나아가 세금을 못 낼 경우 명의를 빌려준 사람의 재산이 압류되며, 그래도 세금을 내지 않으면 압류한 재산이 공매 처분되어 밀린 세금에 충당됩니다. 체납사실이 금융기관에 통보되어 대출금 조기 상환 요구 및 신용카드 사용정지 등 금융거래상 각종 불이익을 받고, 여권 발급과 출국이 제한될 수 있습니다.

이는 실질사업자가 밝혀지더라도 명의를 빌려준 책임을 피할 수 없다는 것을 의미합니다. 명의대여자도 실질사업자와 함께 조세포탈범, 체납범 또는 질서범으로 처벌받을 수 있으며, 1년 이하의 징역이나 1천만 원 이하의 벌금, 명의를 사용한 자는 2년 이하의 징역이나 2천만 원 이하의 벌금에 처합니다. 또한 명의대여 사실이 국세청 전산망에 기록·관리되어 본인이 실제 사업을 하려 할 때 불이익을 받을 수 있습니다.

이는 가족끼리 명의를 대여해도 마찬가지입니다. 부부가 전부 신용불량이어서 자녀 명의로 사업자등록 하였다가 자녀의 명의대여 사실 또는 사업의 경영 악화로 신용불량자가 된다면 자녀의 앞길도 보장할 수 없습니다.

면세사업자 아니면 일반사업자?

간혹 '면세사업자'는 세금을 면제받으니 유리하다고 생각하여 면세사업자로 무작정 사업자등록을 하려는 사업자가 있습니다. 먼저 여기서 '면세'는 간접세인 부가가치세만 해당하므로 직접세인 종합소득세까지 면세되는 것은 아니며, 부가가치세도 본인이 면세를 하고 싶어서 선택을 할 수 있는 것이 아니라 「부가가치세법」에 명시되어 있는 업종만 면세사업자가 가능합니다.

간단히 면세사업 업종을 확인해보면 다음과 같습니다. 부가가치의 면세와 과세에 대해서는 "PART 4 부가가치세 지식"에서 자세히 알아보겠습니다.

면세사업자 가능 업종

기초 생활필수품 재화	정육점 등 미가공식료품, 연탄과 무연탄, 주택임대용역
국민후생용역	병원 등 의료보건용역, 학원 등 교육용역, 여객운송용역, 국민주택 공급과 건설용역
문화 관련 재화용역	도서, 신문, 잡지, 방송
부가가치 구성 요소	토지 공급, 인적용역, 금융 및 보험용역
기타	공중전화, 복권 등

↗ 간이과세자가 부가가치세를 더 적게 낸다고 하던데요?

본인의 업종이 일반과세자라면, 일반과세자와 간이과세자 중 어떤 사업자 형태로 사업자등록을 해야 할지 고민에 빠집니다.

간이과세자는 「부가가치세법」상 의무 및 납부가 일반과세자에 비해 간단하고, 납부세액도 아주 적은 사업자를 말합니다. 이는 신규사업자 또는 2021년부터 공급대가 8,000만 원 이하의 사업자만 가능합니다. 즉, 연 매출이 적기 때문에 세제상 혜택을 주는 것이라고 볼 수 있습니다. 대부분 최종 소비자를 상대하는 전자상거래, 커피숍, 음식점, 미용실, 소매점 등이 이에 해당합니다.

추후 공급대가가 8,000만 원을 넘게 되면 간이과세자를 더 이상 못하게 될 수 있고, 사업 초기 비용이 많이 지출되었다면 환급을 받을 수 있는 일반과세자가 유리할 수 있습니다. 이에 대한 자세한 사항은 "PART 4 부가가치세 지식"에서 자세히 알아보도록 하겠습니다.

tip 하나의 사무실에 여러 사업자등록을 낼 수 있나요?

일정한 요건을 충족하면 가능합니다. 최근 소호사무실이나 공유오피스에서 이렇게 1인 사업장을 위한 사업자등록 주소 제공 및 일정 면적의 공간을 대여하는 형태가 바로 이것입니다.

이를 위해서는 우선 임차인에게 전대차가 가능하다는 전대차 동의서를 건물주인 임대인에게 허락받아야 합니다. 그러므로 임대차계약 전 임차할 사업장에서 여러 개의 사업자등록이 가능한지 여부를 꼭 건물주 또는 부동산 중개업자를 통해 확인하여야 합니다.

그 후 전대인과 전차인 간의 전대차계약서를 작성하여 전차인이 사업자등록을 신청하게 되면 관할 세무서에서는 임차공간에서의 업무공간 분리 여부 등을 실제로 확인하기 위해 현장방문을 할 수도 있습니다. 그 이후 전대인은 전대소득에 대해서 세금계산서 발급 등 부동산 전대업에 해당하는 세금업무도 꼭 이행해야 합니다.

03 사업용 계좌와 사업용 카드 등록

사업용 계좌 제도

복식부기 의무자는 사업과 관련하여 거래의 대금을 금융회사 등을 통하여 결제하거나 결제받는 때, 인건비 및 임차료를 지급하거나 지급받는 때 등 재화 또는 용역을 공급받거나 공급하는 거래에는 사업용 계좌를 의무적으로 사용하여야 합니다.

많이들 오해하는 것이 사업장을 위해서만 활용한다고 해당 계좌가 자동으로 사업용 계좌로 인정되지는 않습니다. 사업용 계좌로 사용하겠다는 계좌를 반드시 국세청 홈택스 사이트에 신고하여야만 사업용 계좌로 인정받습니다.

사업용 계좌로는 사업용 거래가 아닌 개인적인 거래도 할 수 있으므로, 인출된 금액에 대해서는 특별한 문제가 없습니다. 그러나 사업용 거래와 개인 금융 거래를 구분해 사용하도록 입안된 제도이므로, 가능하면 사업용 계좌는 사업용 거래에 사용하고 개인용 거래는 계좌를 구분해 사용하는 것이 바람직합니다.

거래대금을 사업용 계좌가 아닌 다른 계좌로 입금받으면 가산세 부과 대상이 되며, 매입비용, 인건비, 임차료, 4대 보험, 사업과 관련된 전기, 수도, 통신요금 등과 같은 사업자의 경비를 지급할 때는 반드시 사업용 계좌에서 상대방의 계좌로 입금해야 합니다.

사업용 계좌는 세금계산서에 의한 실물거래 시 실물거래와 같이 금융거래도 함께 이루어지도록 하는 제도이므로, 사업용 계좌에서 인출해 현금으로 지급하거나 일반 계좌로 거래하면 가산세 부과 대상이 됩니다. 예외적으로 인건비를 지급하거나 지급받는 거래 중 거래상대방의 사정으로 사업용 계좌를 사용하기 어려운 경우(연체자, 외국인 불법 체류자, 건설 일용직 등)는 가산세를 부과하지 않습니다.

만일 복식부기 의무자가 사업용 계좌를 사용하지 않으면, 다음의 가산세가 발생하게 됩니다. 이는 산출세액이 없는 경우에도 부과되니 주의하여야 합니다.

1) 사업 관련 거래로서 사업용 계좌를 사용하지 아니한 때: 사업용 계좌를 사용하지 아니한 금액의 0.2%

2) 복식부기 의무자에 해당하는 과세기간의 개시일부터 6개월 이내에 신고하지 아니한 때: 다음 ㉮와 ㉯의 금액 중 큰 금액

㉮ 신고하지 아니한 기간의 총수입금액의 0.2%
㉯ 사업용 계좌 사용 대상 거래 중 미사용 거래금액의 0.2%

마지막으로 사업용 계좌를 사용하지 않으면 다양한 세액 감면을 적용받을 수 없습니다. 창업중소기업 등에 대한 세액감면 및 중소기업에 대한 특별세액감면 등 23종 이상의 세액감면을 적용받지 못하는

불이익을 받아 종합소득세 계산 시 절세를 못할 수 있으니, 사업용 계좌는 꼭 등록하여야 합니다.

사업용 카드 등록

사업용 카드는 사업용으로 활용하게 되는 신용카드로, 국세청에서 지출내역을 집계하여 경비처리의 정당성을 입증하는데 쉬우므로 개업 시 바로 사업용 계좌와 함께 사업용 신용카드를 국세청 홈택스 사이트에 등록하는 것은 필수입니다.

등록 이후에는 사업용 신용카드 사용내역을 홈택스 홈페이지에서 조회할 수 있고, 사용실적이 국세청에 전산 보관되기 때문에 굳이 신용카드영수증 전표를 모으지 않아도 되고, 부가가치세 신고 시 '신용카드 매출전표 등 수취명세서'에 거래처별 합계자료가 아닌 등록한 신용카드로 매입한 합계금액만 기재하면 매입세액공제를 받을 수 있습니다. 물론 일반 신용카드도 사업용으로 경비 지출 시 인정받을 수 있지만, 국세청에서 일괄조회가 되지 않아 건별로 신청을 하여야 하는 번거로움과 함께 누락이 발생할 수 있습니다.

사업용 신용카드는 본인 명의를 인증하는 절차를 거치므로 본인 명의만 등록 가능하며, 최대 50장까지 등록할 수 있습니다. 공동사업자의 경우 대표 공동사업자의 명의 카드만 등록 가능하며, 미등록된 공동사업자의 카드 관련 결제내역은 카드매출전표 또는 카드사로부터 일괄 수령하여 신고할 수 있습니다.

↗ 사업자의 사업용 계좌 및 사업용 카드 관리법

사업장을 운영하면서 사업용 계좌와 사업용 카드를 1개만 쓸 필요는 없습니다. 본인 사업장의 성향에 맞게 사업자등록 시점부터 사업용 계좌와 사업용 카드 사용 목적을 정해둔다면 추후 자금 흐름을 파악하기도 편하고 자동이체 등의 문제 등에서도 번거로움을 덜 수 있습니다.

예를 들어 고정적인 매출이 집계되는 계좌는 고정적인 지출 비용에 대한 자동이체를 연결하고, 상시 매출을 받는 계좌는 상시 지출에 대한 사업용 카드 연결 또는 직원의 복리후생 목적의 지급 카드를 연결하는 방법입니다.

이렇게 정기적인 매출 및 매입과 비정기적인 매출 및 매입을 나누어 사용한다면 매출 및 매입을 파악하는데 아주 용이합니다.

추가적으로 사업용 계좌와 사업용 카드는 회계총괄 담당자만이 접근할 수 있게 하며 담당자와 사업자의 결재 없이는 송금 및 지출이 불가능하게 하는 것이 좋으며, 사업장의 일상적인 소모품과 직원의 식사 · 간식비용 지출을 위해 직원에게 지급하는 사업용 카드는 체크카드로 만들어 일 사용한도를 설정하고 연결된 계좌 역시 일 사용금액을 제한하는 것이 좋습니다.

회계적 매출집계와 현금흐름은 거의 유사하지만 약간은 다르므로 현금흐름에 대한 보고를 매월, 매 분기, 매 반기, 매년 단위 등 주기적으로 받는 것이 좋고, 자금관리 인력의 정기적 순환배치를 통해 회계 및 재무 담당자의 독점적 지위를 환기시키는 것이 좋습니다.

tip 지출관리의 기초지식

지출관리의 소중함은 두말할 것 없습니다. 그렇다면 어떠한 형태의 증빙을 수령해야 경비로 인정받는데 문제가 없을까요? 경비로 인정받기 위해서는 다음 4가지 형태의 적격증빙을 수취해야 합니다.

- 세금계산서
- 계산서
- 신용카드 매출전표
- 현금영수증

세금계산서는 사업자가 물품 판매 또는 용역 제공 시 부가가치세 10%를 징수하고 이를 증명하기 위하여 공급받는 자에게 발급해주는 것을 말하며, 계산서는 부가가치세가 면제되는 면세물품을 공급할 때 발급하는 것을 말합니다.

사업자등록증이 나오기 전이라면 세금계산서 수취 시 본인의 주민등록번호를 기재해서 발급받으면 되고, 인테리어 설치 등 큰 금액의 거래라면 꼭 거래내용을 확인할 수 있는 계약서 등을 추가로 갖추는 것이 좋습니다.

국세청장이 정하는 방법인 전자기록의 보전방법에 따라 전산조직을 이용하여 장부 및 증빙서류를 생산한 경우와 신용카드사업자로부터 신용카드 거래정보를 전송받아 보관하는 경우에는 실물을 5년간 의무보관하지 않아도 괜찮습니다.

적격증빙을 수취하지 않으면 세법상 어떤 제재가 있을까요? 하단의 요건을 모두 충족하면서 적격증빙이 아닌 형태의 증빙인 간이영수증 등으로 수취하였을 경우에는 지출 증빙 미수취 · 사실과 다르게 받은 금액의 2%가 증명서류 수취 불성실가산세로 부과됩니다.

1. 사업자와의 거래일 것
2. 재화나 용역을 공급받고 그 공급대가를 지출할 것
3. 공급대가가 3만 원 초과의 거래일 것

*예외: 거래상대방이 읍 · 면 지역에 소재하는 사업자로서 신용카드가맹점이 아닌 경우, 금융 · 보험용역을 제공받은 경우, 비거주자 또는 외국 법인, 국가 · 지방자치단체 · 비영리법인, 농어민으로부터 재화 또는 용역을 직접 공급받는 경우

04 현금영수증 발급 안하면 탈세제보가 들어온다

최종소비자를 대하는 사업장이라면 개업 이후 직원에게 현금영수증 발급 교육은 필수입니다. 최근에는 고객 대부분이 신용카드로 결제하기 때문에 현금 수령이 많지 않지만, 고의로 현금지불을 한 후 현금영수증 미발급 시 이를 빌미로 탈세제보를 하여 탈세포상금을 노리는 세파라치도 많으니 현금영수증 발급은 항상 필수라고 생각해야 합니다.

현금영수증가맹점으로 가입한 사업장은 현금영수증가맹점을 나타내는 표지를 게시하여야 하며, 사업과 관련하여 재화 또는 용역을 공급하고 그 상대방이 대금을 현금으로 지급한 후 현금영수증의 발급을 요청하는 경우에는 그 발급을 거부하거나 사실과 다르게 발급해서는 안 됩니다. 요청하지 않은 경우에도 국세청 전화번호인 '010-000-1234'로 의무 발급하여야 하며, 납세자가 요청하지 않았으니 발급하지 않아도 된다고 생각하면 절대 안됩니다.

현금영수증 발급의무 대상 거래금액은 현금으로 받은 금액에 대하여만 발급하면 됩니다. 거래대금을 나누어 현금으로 받을 때는 각각 받을 때마다 발급하며, 다만 사업자등록을 한 자에게 재화 또는 용역을 공급하고 계산서 또는 세금계산서를 발급한 경우에는 현금영수증을 발급하지 않아도 괜찮습니다.

현금(소득공제)과 현금(지출 증빙)의 발급 방식은 소비자에게는 소득공제를, 사업자에게는 지출 증빙의 방식으로 구분하고, 발급 시 소비자 인적사항은 주민등록번호, 사업자 등록번호, 휴대전화번호 중 하나로 입력하면 됩니다.

현금영수증을 발급해야 하는 이유의 핵심은 바로 '가산세'입니다. 먼저 현금영수증가맹점으로 가입하지 아니하거나 그 가입기한이 지나서 가입한 경우에는 다음의 가산세가 부과됩니다.

해당 과세기간의 수입금액×미가입기간/365×1%

만일 현금매출을 누락하였다고 한다면 현금매출에 따른 소득세와 가산세가 추징되며, 추가로 현금영수증 관련 가산세가 추징되는데 현금영수증 관련 가산세가 아주 무거운 편입니다.

1) 현금영수증 발급거부 및 과소발급 가산세

현금영수증 거부가산세=건별 발급거부금액(건별로 사실과 다르게 발급한 금액)×5%

- 건별로 계산한 금액이 5천 원에 미달하는 경우는 5천 원으로 합니다.
- 발급대상 금액이 건당 5천 원 미만이면 적용 제외

2) 건당 거래금액 10만 원 이상 현금영수증 미발급 가산세

> 현금영수증 발급의무 위반가산세=발급의무 위반금액(건별)×20%(10%)
>
> - 착오나 누락으로 인해 거래대금을 받은 날부터 7일 이내 관할 세무서에 자진신고하거나 현금영수증을 자진 발급하는 경우는 10%
> - 산출세액이 없는 경우에도 가산세가 부과됩니다.
> - 현금영수증발급의무위반 적용 제외 항목
>
> ① 「국민건강보험법」에 따른 보험급여
> ② 「의료급여법」에 따른 의료급여
> ③ 「긴급복지지원법」에 따른 의료지원비
> ④ 「응급의료에 관한 법률」에 따른 대지급금
> ⑤ 「자동차손해배상 보장법」에 따른 보험금 및 공제금

현금영수증 가산세는 종합소득 산출세액이 없는 경우에도 적용받기 때문에 소비자가 요청하지 않더라도 꼭 자진 발급하는 것을 권합니다. 몇 십만 원 매출을 속이려다 매출 누락에 대한 부가가치세, 종합소득세, 신고불성실가산세, 납부지연가산세는 물론이고 현금영수증 미발급 가산세까지 부담하게 될 수 있기 때문입니다.

05 인테리어 취득부터 처분까지

인테리어 취득

사업장 인테리어 대부분은 인테리어 전문 업체와 계약서, 견적서 작성 및 세금계산서 발급을 세법에 따라 진행하지만, 간혹 인테리어 업체 측에서 세금계산서 발급 없이 총 공사비용을 할인해주겠다는 조건으로 가격제안을 하는 경우가 있습니다. 병원이나 학원 같은 면세 사업자는 어차피 부가가치세를 환급받을 수 없으므로 세금계산서 발급 없이 진행하게 되면 부가가치세 부분 정도의 공사비용을 할인받을 수 있다는 말에 솔깃할 수도 있습니다.

그러나 적격증빙을 받지 않았을 경우 과세사업자는 부가가치세 10%의 환급이 불가능하며, 나아가 인테리어 전체 비용에 대한 경비인정이 곤란해집니다. 물론 인테리어 업체가 세금계산서를 발급하지 않더라도 계약서, 거래명세서 등 거래 증빙을 확보하고 계좌이체 내역을 명확히 입증하면 경비는 인정받을 수 있지만 세무서에 소명을 해야 할 수 있습니다.

물론 종합소득세 신고 시 세금계산서인 적격증빙을 받지 않았으므로, 비용을 인정받더라도 거래금액이 3만 원을 초과하는 경우 거래금액의 2%에 해당하는 증빙불비 가산세는 별도로 납부하여야 합니다.

나아가 계좌이체 내역을 통해 인정받은 인테리어 경비는 인테리어 업체 측의 매출이 되므로 업체 측은 세금계산서 발급 없이 진행한 인테리어 매출누락으로 인한 세무조사가 발생하게 됩니다. 이때 사업장과 인테리어 업체 측이 작성한 인테리어 계약 사항에 따라 민사 다툼이 발생할 수도 있습니다.

↗ 인테리어 교체 및 폐기

사업장에서 인테리어는 유형자산 계상 및 감가상각을 통해 경비처리가 가능합니다. 많은 사업자가 혼동하는 것이 실질적인 지출이 전부 그 과세연도에 '비용'으로 인정된다고 생각하는 점입니다.

인테리어 가액의 10%에 해당하는 부가가치세는 공제 또는 환급이 될 수 있지만, 종합소득세 계산 시 인테리어 등 재화의 생산, 용역의 제공, 타인에 대한 임대 또는 자체적으로 사용할 목적으로 보유하는 물리적 형체가 있는 '유형자산'의 지출은 해당 과세연도에 전액 비용으로 인정되는 것이 아니라, '감가상각'이란 유형자산의 사용, 시간의 경과 등으로 소모된 경제적 가치를 평가하여 매년 일정 금액을 수년에 걸쳐서 '비용'으로 인정받게 됩니다.

그러므로 실질적인 현금지출액과 세금 계산에서의 지출액이 다르다고 하여 계산이 잘못된 것이 아니라 추후 '자산'이 '비용'으로 매년 반영될 때 경비적용이 된다고 인식해야 합니다. 인테리어 이후 추가 인테리어 공사를 한다면 추가공사에 대한 자산을 새로 계상하고 감가상각도 별도로 적용하는 것이 좋습니다.

사업장 경영이 오래되면 노후 인테리어의 교체를 고민할 수 있습니다. 이때에는 현재 인테리어의 잔존가치와 인테리어 교체비용이 가져다줄 매출 상승분을 고민하여 의사결정하는 것이 현명합니다.

사업장을 이전하면서 기존 인테리어를 폐기하는 상황이 펼쳐지는 경우 회계상 계상해두었던 인테리어의 상각되지 않은 잔액에 대해서는 전액 비용인정이 가능합니다.

PART 3

3시간에 끝장내는 초보사장 창업세금

인건비 신고와 노동법 지식

01 인건비 신고의 기본, 4대 보험과 원천세

4대 보험 가입은 선택 아닌 필수

간혹 4대 보험 가입은 선택사항이라고 생각하는 사업자가 있습니다. 또는 근로자가 원하지 않으니 4대 보험 가입은 하지 않았다는 경우도 더러 있는데, 평상시에는 적발되지만 않는다면 문제가 없을 것으로 생각하기 십상입니다. 그러나 문제는 항상 근로자의 퇴사시점에 발생합니다. 근로자와 실업급여, 퇴직금과 연차수당 등 노무에 대한 다툼으로 번졌을 경우 고용노동부에 진정서를 제출하여 적발될 수 있습니다.

이러한 경우 근로자와 사업자가 동의하에 4대 보험을 가입하지 않았다고 하더라도 사업자는 절대적 '을'이 되어 버립니다. 소급하여 3년분의 4대 보험료를 본인분과 근로자분까지 우선 사업자가 부담해야 합니다. 이는 4대 보험의 원천징수 의무자가 사업자인데, 이를 하지 않은 책임이 사업자에게 있기 때문입니다. 근로자분에 해당하는 4대 보험은 추후 근로자에게 청구하여 받아낼 수밖에 없으며, 이를 통해 사업장 내의 다른 노동문제로 확대될 수 있습니다.

추후 설명할 두루누리, 일자리 안정자금 등 각종 고용관련 정부 지원금을 받기 위해서라도 근로자의 4대 보험 가입은 필수임을 잊지 않아야 합니다. 무엇보다 4대 보험 신고는 하지 않으면서 세금신고 시 인건비를 경비 처리하고자 한다면, 국세청과 4대 보험 공단의 근로자 급여자료 공유를 통해 금방 들통나고 맙니다.

새로 사업을 시작하면 우선 4대 보험 주최인 공단 측에 '사업장' 가입 신고를 하여야 합니다. 이렇게 사업장을 가입한 후 직원이 입사할 때에 자격취득신고를 하고, 퇴사할 때에 자격상실신고를 합니다.

해당 신고는 각 공단마다 따로따로 할 필요 없이 국민연금관리공단, 국민건강보험공단, 근로복지공단 중 한 곳에만 제출하거나 4대 사회보험 정보연계센터 홈페이지에서 일괄 신고할 수 있습니다. 정확한 4대 보험료와 납부 또한 통합 징수되기 때문에 번거로움이 예전에 비해 많이 줄어들었습니다.

근로자에게 매월 급여 지급 시 4대 보험료 및 「소득세법」상 원천징수 세액을 차감한 세후 금액을 지급하고, 다음 해 2월에 연말정산을 통해 1년의 근로소득을 정산하여 추가 납입한 부분에 대해서는 환급을, 과소 납입한 부분에 대해서는 추가 납부를 하는 것이 근로소득자를 위한 사업자의 세금 프로세싱입니다.

4대 보험과 원천세

준조세인 4대 보험과 원천세의 개념에 대해서 알아보겠습니다.

구분	국민연금	건강보험	고용보험	산재보험
가입대상	18세 이상 60세 미만	모든 근로자 및 사용자	1인 이상의 근로자 고용하는 모든 사업 또는 사업장	근로자를 사용하는 모든 사업장
의무가입	가입대상에 해당하는 근로자가 발생한 경우 의무가입대상이 된다(즉, 근로자 1인 이상 사업장).			
가입제외 대상	-1월 미만의 기간 동안 고용되는 일용근로자 -1월 소정근로시간이 60시간 미만인자		-65세 이상인자 -1월 소정근로시간 60시간 미만인자	임의적용 사업장(병원은 해당 없음)
보험료	총 9% → 근로자 및 사용자 각 4.5%씩	총 6.86% → 근로자 및 사용자 각 3.43%씩 -장기요양보험료: 건강보험료의 11.52%	총 1.6% → 근로자 및 사업자 각 0.8%씩 -사업자는 근로자 인원수에 따라 0.25~0.85% 추가 납부	사업종류에 따라 0.7~18.6%까지 요율이 상이 -사용자가 전부 부담

1) 국민연금

정부가 직접 운영하는 공적 연금 제도로, 국민 개개인이 소득 활동을 할 때 납부한 보험료를 기반으로 하여 나이가 들거나, 갑작스러운 사고나 질병으로 사망 또는 장애를 입어 소득 활동이 중단된 경우 본인이나 유족에게 연금을 지급함으로써 기본 생활을 유지할 수 있도록 하는 연금 제도를 말합니다.

국민연금 납부대상은 18세 이상 60세 미만 국내 거주 국민으로 공무원 · 군인 · 사립학교 교직원은 별도의 연금 제도가 있어서 제외됩니다. 국민연금 납부액은 기준소득월액의 9% 중 절반인 4.5%를 근로자와 사업자가 각각 부담하며, 기준소득월액은 최저 32만 원에서 최고 503만 원까지의 범위로 결정하게 됩니다. 따라서 신고한 소득월액이 32만 원보다 적으면 32만 원을 기준소득월액으로 하고, 503만 원보다 많으면 503만 원을 기준소득월액으로 합니다(2020. 7. 1. 기준).

그러므로 월 503만 원이 넘는 근로자는 최고 기준소득월액인 503만 원을 기준으로 국민연금을 납부하게 됩니다. 해마다 기준소득월액의 기준이 개정되어 그 폭이 늘어나는 추세이므로 작년과 다른 국민연금 액수가 납부된다면 국민연금 기준소득월액이 개정되었을 수 있습니다.

2) 건강보험과 장기요양보험

질병이나 부상으로 인해 발생한 고액의 진료비로 가계에 과도한 부담이 되는 것을 방지하기 위하여, 국민이 평소에 보험료를 내고 보험자인 국민건강보험공단이 이를 관리 · 운영하다가 필요하면 보험급여를 제공함으로써 국민 상호 간 위험을 분담하고 필요한 의료서비스를 받을 수 있도록 하는 사회보장제도입니다.

보수월액 기준으로 6.86% 중 절반인 3.43%를 근로자와 사업자가 각각 부담합니다. 장기요양보험은 건강보험료 기준으로 11.52% 중 절반인 5.76%를 근로자와 사업자가 각각 부담합니다. 뉴스에서 자주 접하였듯이 건강보험료와 장기요양보험료도 해마다 요율이 상승하는 추세이므로 매년 납부액이 변동될 수 있습니다.

3) 고용보험 및 산재보험

근로자가 실직한 경우에 생활안정을 위하여 일정기간 동안 급여를 지급하는 실업급여사업과 함께 구직자에 대한 직업능력 개발 · 향상 및 적극적인 취업알선을 통한 재취업의 촉진과 실업 예방을 위하여 고용안정사업 및 직업능력개발사업 등의 실시를 목적으로 하는 사회보험의 하나입니다. 실업급여 관련 고용보험료를 근로자와 사업자가 월 급여의 1.6%를 0.8%씩 각각 부담합니다. 그 외 고용안정, 직업능력개발사업의 목적으로 기업의 근로자수에 따라 사업주만 월 급여의 0.25~0.85%에 해당하는 고용보험을 추가로 납부하여야 합니다.

산재근로자와 그 가족의 생활을 보장하기 위하여 국가가 책임을 지는 의무보험인 산재보험에 대해서도 사업주는 업종에 따라 보수총액(월평균보수)의 0.7~18.6%에 해당하는 산재보험료를 추가로 납부하여야 합니다.

4) 원천징수

원천징수는 소득 또는 수입 금액을 지급하는 자인 '원천징수의무자'가 그 대가를 지급할 때 상대방인 '원천납세의무자'가 내야 할 세금을 국가를 대신하여 징수하고 납부하는 것입니다. 이를 통해 국가는 세금이 누락되는 것을 방지하고, 세금 수입을 조기에 확보할 수 있으며 납세의무자는 세금을 분할 납부함으로써 조세 부담을 완화하는 효과가 있습니다. 추후 연말정산 시점에서는 결정세액에서 이미 납부하였던 원천징수의 총액을 기납부세액으로 차감하여 추가 납부 및 과소납부 여부를 판단하게 됩니다.

원천징수 대상이 되는 소득으로는 대표적으로 근로소득이 있으며 이외에 이자소득, 배당소득, 원천징수 대상 사업소득, 연금소득, 기타소득, 퇴직수당, 대통령령으로 정하는 봉사료가 있습니다. 근로소득 지급 시 비과세 급여가 포함된다면 해당 부분에 대해서는 원천징수가 제외됩니다. 대표적인 비과세 급여로는 월 10만 원 이하의 식대, 월 20만 원 이내의 외근직 근로자를 위한 자가용 운전보조금, 일 숙박료와 여비 등 실비변상적인 급여, 6세 이하 자녀 보육수당 등이 있습니다.

매월 원천세 신고하는 것이 번거롭다면 신규사업자 중 신청일이 속하는 반기 기준 인원이 20인 이하인 사업장과 직전 상시 고용인원이 20인 이하인 사업장은 반기별 납부 승인신청서를 제출하여 신청할 수 있습니다. 매월 신고하는 번거로움을 덜어주는 신고방법으로 승인이 완료되면 1~6월의 인건비 지급내역은 7월 10일까지 신고 및 납부하고, 7~12월의 인건비 지급내역은 다음해 1월 10일까지 신고 및 납부할 수 있습니다.

원천세 신고는 일정기준이 되면 반기 신고가 가능하지만, 매월 15일에는 고용 · 산재보험 근로 내용 확인신고를 하여야 합니다.

그리고 최근 세법 개정으로 분기마다 하는 직전월 일용근로소득 지급명세서 제출과 매년 1회 하였던 인적용역 사업소득 지급명세서 제출이 매월 말 일자 신고로 바뀌었습니다. 이로 인해 매월 처리하여야 하는 인건비 신고 의무가 늘어났습니다.

또한 2021년 세법개정안으로 2022년 7월 1일부터는 상시 근로자와 인적용역 기타소득에 대한 간이 지급명세서 신고도 1년에 1회에서 매월말 신고로 개정될 예정입니다.

즉, 인건비와 관련된 지출에 대해서는 매월 그 신고의무가 대폭 늘어나게 되어 직접 사업장의 인건비 신고를 하는 사업주는 이를 놓치지 않고 꼼꼼히 챙겨야 합니다. 이를 놓치게 되면 바로 지급명세서 관련 가산세가 부과됩니다.

02 직원 1명 채용 시 실제 지출은 얼마나 될까?

↗ 월급 300만 원 근로자의 실제 지출액은?

월급 300만 원인 근로자를 채용하면 사업자는 실제 얼마나 비용을 지출해야 할까요? 근로소득만 있었던 사업자는 근로자 입장을 십분 이해해서 많은 지원을 아끼지 않을 수도 있습니다. 그러나 사업을 운영하는 예산은 한정되어 있음을 절대 잊어서는 안 됩니다. 단순히 지출액이 300만 원이라고 생각하는 사장님은 없겠지만, 실제 지출액이 얼마인지 숫자로 확인하면 와닿는 부담이 다를 수 있기 때문입니다.

세전 월 300만 원의 급여명세서

〈단위: 원〉

구분(2021년 기준)	근로자 수령액	사업자 추가부담액
세전 지급액	3,000,000	3,000,000
근로소득 원천징수세액(100%)	84,850	–
근로소득 지방소득세	8,480	–
국민연금(근로자 · 사업자분 각 4.5%씩)	135,000	135,000

구분(2021년 기준)	근로자 수령액	사업자 추가부담액
건강보험(근로자 · 사업자분 각 3.43%씩)	102,900	102,900
장기요양보험(건강보험료의 11.52%)	11,850	11,850
고용보험(근로자 · 사업자분 각 0.8%씩)	24,000	24,000
실제 수령액(차인 지급액)	2,632,920	3,273,750

세전 월 300만 원의 급여계약을 한 근로자가 원천세와 4대 보험을 공제하고 실제 가져가는 급여는 약 263만 원이고, 사업자가 4대 보험을 부담하는 금액을 포함한 실제 금액은 약 327만 원(사업주가 납부하는 고용안정 · 직업능력 개발사업 관련 고용보험료와 산재보험료를 제외한 금액)입니다.

실상이 이렇다 보니 같은 사업장에서 일하는 사업자와 근로자는 동상이몽을 할 수밖에 없습니다. 근로자는 10%가량이나 되는 4대 보험료와 원천세를 차감한 급여가 적다고 불만을 느낄 것이고, 사업자는 급여에 더해 급여의 10%가량이나 되는 4대 보험료도 더 지불해야 하는 상황이니 서로의 생각 차이는 20%나 날 수밖에 없는 것입니다.

여기서 사업자는 1년 이상 근무자에게 퇴직금 지급과 함께 연차휴가를 다 쓰지 않고 퇴사 시 연차휴가수당도 정산하여 지급해야 합니다. 나아가 사업장에서 지원하는 점심 식사비용, 작업복 등의 실비 변상적 지출과 명절 상여금 등 복리후생 목적의 지출도 고려해야 합니다.

그러므로 월 300만 원 급여자를 채용하면서 단순히 연봉 3,600만 원을 지출하겠다고 생각하는 것은 사업자의 적절한 자금운용 방식이 아닙니다.

연봉 3,600만 원 근로자의 연 예상 지출액

① 연봉 3,600만 원
② 사업자 추가부담 4대 보험료 360만 원 예상
③ 1년 만기 근무 시 퇴직금 300만 원 예상
④ 연차휴가수당 등 수당 관련 추가 지출비용 200만 원 예상
⑤ 식사비용, 작업복, 명절 상여금 등 복리후생 목적의 지원비용 200만 원 예상
⑥ 합계: 4,660만 원

간단히 항목들을 더하게 되면 연봉 3,600만 원의 근로자에게 연간 지출되는 비용은 30%가량이 증가된 약 4,660만 원으로 예상됩니다. 이렇게 수치로 확인하면 사업자가 예상한 금액보다 차이가 커서 대부분 놀라고는 합니다.

tip 가족을 직원으로 채용한다면?

처음 사업장을 운영하면 가장 큰 조력자는 역시 가족일 수밖에 없습니다. 사업장에서 가족이 실제 근무를 한다면 정식적으로 급여를 지급하여야 하며, 이때 가족에게 지급하는 급여는 타 직원과 비교하여 너무 높지 않은 금액으로 책정하는 것이 바람직합니다. 「법인세법」에서는 지배주주 및 그와 특수 관계에 있는 임원·사용인에게 정당한 사유 없이 동일 직위에 있는 지배주주 등 외의 임원·사용인에게 지급하는 금액을 초과하여 보수를 지급하는 경우 그 초과금액을 경비로 인정해주지 않기 때문입니다.

급성장하는 사업장은 금방 높은 소득세율이 적용되기 때문에 인건비에 대한 절세효과를 볼 수 있으나, 적용세율이 높지 않은 개업 초기에는 오히려 4대 보험료에 대한 지출이 부담으로 다가올 수도 있습니다. 그러므로 가족이 도와주는 노동력에 대해서 근로소득 및 4대 보험 신고를 하지 않는 것도 방법입니다. 근로자의 조력이 아닌 가족의 조력으로 보아 4대 보험의 부담을 줄이는 방법이 되기 때문입니다.

03 직원 연말정산은 사업주가 해줘야 한다

매월 근로소득 지급 시 근로소득 간이세액표에 의해 원천징수를 하지만, 매월 원천징수한 세액의 합계가 1년간 발생한 총 근로소득에 대한 정확한 세액은 아닙니다. 일반적으로 원천징수의무자인 사업자는 해당연도 12월 31일까지 근무한 근로자를 대상으로 다음 해 2월분의 근로소득을 지급하는 때에 올해의 연간 급여액에 대하여 추가 납부 또는 환급을 적용하여 연말정산을 해야 합니다.

연말정산의 의무는 사업자에게 있지만, 근로자가 배우자와 부양가족에 대한 인적공제 및 특별소득 · 세액공제를 받고자 하는 때에는 원천징수의무자인 사업자에게 관련 자료를 직접 준비하여 사업자에게 제공하여야 합니다. 근로자는 국세청 홈택스의 '연말정산 간소화 서비스' 덕분에 자료 대부분은 클릭 몇 번으로 손쉽게 마련할 수 있습니다. 해당 자료를 제출하지 않고 특정 공제를 요청하면, 그 요건 미비로 인한 책임은 결국 근로자에게 있습니다.

↗ 종전 근무지 원천징수이행상황신고서 요청하기

근로자가 해당연도 중에 종전 근무지 퇴사 후 새로운 사업장에서 근무하여 연말정산을 할 때는 꼭 종전 근무지 원천징수이행상황신고서를 퇴사 시점에 수령하여 현재 근무하는 사업장에 제출하여야 연말정산 합산신고가 가능합니다.

근로자가 근무의 바쁨 등으로 종전 근무지 원천징수이행상황신고서를 제출하지 못한 때에는 5월에 직접 종합소득세를 확정 신고하여 연말정산을 마무리 지으라고 전달하고, 우선 해당 사업장에서 지급한 근로소득에 대해서 연말정산을 마무리 지어야 합니다.

물론 근로자가 근로소득 이외에 기타소득 또는 사업소득이 있다면 본인이 직접 5월에 종합소득세 합산신고를 하여야 합니다. 종합소득세 합산신고 주체는 본인이며, 사업주가 대신 할 의무는 없습니다. 만일 종합소득세 확정 신고를 하지 않으면 과소신고에 따르는 신고 및 납부지연 가산세가 추징됩니다.

이는 같은 과세기간에 근로소득자 생활을 마무리 하고 개업을 하여 사업소득자가 된 경우도 마찬가지입니다. 간단히 신분에 따른 소득과 신고기한을 정리해보면 다음과 같습니다.

구분	근로자	사업자
소득 종류	근로소득	사업소득
세금 정산 시기	다음 해 2월 연말정산	다음 해 5월(성실사업자는 6월)
신고 주체	사업자(원천징수의무자)	사업소득자 본인 또는 세무대리인
한해 둘 이상의 소득 발생 시	-근로소득+근로소득은 연말 정산으로 신고 마무리 -월에 직접 합산신고도 가능	근로소득+사업소득은 1. 근로소득은 2월에 사업주가 연말 정산 2. 연말정산 내역과 사업소득을 5월에 직접 또는 세무대리인을 통한 합산 신고

홈택스 연말정산 간소화 서비스 자료 및 추가 증빙서류를 안내하자

국세청 홈택스 사이트에서 제공하는 '연말정산 간소화 서비스' 자료는 매년 1월 15일부터 전자파일로 다운받을 수 있습니다. 근로자에게 해당 자료를 요청하고 근로자 본인도 스스로 공제요건 충족 여부를 검토하라고 전달하는 것이 좋습니다.

근로자는 홈택스에서는 연말정산 부가 서비스로 본인의 예상세액 계산 및 맞벌이 근로자 절세안내 등도 제공받을 수 있습니다. 한 번쯤은 홈택스를 살펴보고 평소 궁금했던 점을 확인해보는 것도 좋은 절세 습관이 될 수 있습니다. 추가로 1년간 지출내역이 확인되므로 그 중 각각의 공제 금액들은 어떻게 산정되고, 이 중 누락된 부분은 없는지, 본인의 1년 지출패턴은 어떤지를 파악하여 본인의 급여 관리에 고민하는 시간을 가지는 것도 좋습니다.

사업주는 연말정산 간소화 서비스에서 제공할 수 없는 서류와 적용 사항들을 파악하고 근로자에게 해당 서류를 요청하여 연말정산의 도움을 주면 됩니다.

연말정산 간소화 서비스에서 제공할 수 없는 서류 리스트

서류명	적용 공제사항
주민등록표 등본 및 가족관계증명서	배우자와 부양가족의 인적공제
장애인등록증 또는 장애인 증명서	장애인 공제
임대차계약증서, 금전소비대차계약서 사본	주택 임차자금 차입금 원리금 상환액 공제
개별(공동)주택가격 확인서, 건물등기부 등본	장기주택 저당차입금 이자 상환액 공제
보청기 · 장애인 보장구 · 의료용구 영수증	의료비 세액공제(안경구매비용은 21년부터 간소화 서비스로 자동 제공)
국외 교육비납입증명서, 교복 구입비, 학점인정(독학 학위) 교육비 납입증명서	교육비 세액공제
기부금명세서, 기부금영수증	기부금 세액공제
임대차계약증서, 영수증 · 계좌이체 영수증 · 무통장입금 등	월세 세액공제

아직 확정은 아니지만 이르면 올해 귀속 연말정산부터는 국세청이 회사에 직접 연말정산 자료를 제공하는 시스템이 도입될 것으로 보입니다. 이 시스템이 도입되면 회사는 국세청에서 받은 자료로 연말정산 서류를 작성하고 근로자는 결과만 확인하면 될 것으로 보입니다.

04 퇴직소득은 어떻게 지급해야 할까?

만남이 있으면 이별도 있는 법입니다. 근로자의 퇴사 시점에 여러 가지 신변정리가 필요한데, 여기서 세금이슈가 빠질 수 없습니다.

퇴직금과 퇴직연금제도

퇴직금은 「근로자퇴직급여 보장법」에 규정되어 있는데, 법의 이름에서 알 수 있듯이 근로자가 퇴직 시 퇴직금 또는 퇴직연금의 형태로 '퇴직급여'를 지급받을 수 있습니다. 지급 시기, 지급방식 등에 따라 실제 수령하는 금액이 차이 나더라도 관련법상 퇴직급여라면 같은 것으로 봅니다.

많은 사업장에서 여전히 퇴직금을 일시에 지급하고 있으나 법적으로는 퇴직연금이 원칙적으로 적용되고, 퇴직연금에 가입하지 않은 사업장이거나 퇴직연금에 가입하지 않은 근로자의 경우에 퇴직금이 적용됩니다.

퇴직금 제도와 비용처리법에 대해서 간단히 살펴보겠습니다.

퇴직일시금 지급	퇴직연금 지급	
	확정급여형(DB형)	확정기여형(DC형)
실제 퇴직 시 퇴직금 지급하는 유형	사업자가 확정된 퇴직금을 지급하는 유형	운용책임이 직원에게 있는 유형
실제 퇴직금 지급 시 100% 비용처리	연금불입 시 퇴직연금 불입액 100% 비용처리	연금불입 시 100% 비용처리
실제 퇴직 시까지 비용처리할 수 없다.	퇴직연금은 가입유형과는 별개로 지출금액 전액을 지출된 연도에 비용처리할 수 있다.	

1) 퇴직금

퇴직금은 근로자가 1년 이상 근속 후 퇴직하는 경우에 사용자가 지급하는 일시 지급금을 말합니다. 여기서 '1년 이상'은 근로자가 4주간 평균하여 1주간의 소정근로시간이 15시간 이상이고 계속하여 근로한 기간이 1년 이상인 경우입니다. 해고든 사직이든 사용자는 1년 이상 근속한 근로자가 '퇴직할 때' 퇴직금을 지급해야 합니다. 퇴직할 때 지급하여야 하는 금원에는 퇴직금뿐만 아니라 '모든 임금, 보상금, 그 밖에 일체의 금품'도 포함되므로 해당연도에 사용하지 못하고 남은 미사용 연차휴가가 있다면 미사용 연차수당도 퇴직급여에 포함됩니다.

퇴직금, 퇴직한 달의 월급, 미사용 연차수당 등 퇴직으로 발생하는 일체의 금원은 '14일 이내'에 지급하여야 합니다. 실무상 급여지급일에 맞추어 퇴직금 등을 지급하는 경우가 많으므로 퇴사일을 기준으로 '14일 이후'가 급여지급일이라면, 사업자는 "급여지급일에 퇴직금을 지급하겠다."라고 퇴사자에게 통지할 필요가 있습니다.

퇴직금은 '근로자의 계속근로연수 1년에 대해 30일분 이상의 평균임금'으로, 이를 수식으로 표현하면 다음과 같습니다.

퇴직금=평균임금×30일×계속근로기간÷365일

'평균임금'이란 '산정하여야 할 사유가 발생한 날 이전 3개월 동안에 그 근로자에게 지급된 임금의 총액을 그 기간의 총 일수로 나눈 금액'입니다. '퇴사일'을 기준으로 이전 '3개월 동안' 물품이 아닌 모든 금원을 합한 것을 평균임금이라고 생각하면 쉽습니다.

'계속근로기간'은 최초 입사 시부터 퇴사일까지의 기간을 말합니다. 근로계약서 작성일이 아닌 실제 최초로 근무한 날이 기준이 되고, 연봉계약서 등을 반복해서 체결한 때도 쉼 없이 계속 근로하였다면 최종적으로 퇴사한 날까지가 계속근로기간이 됩니다. 다만, 「퇴직급여법」상 중간 정산을 한 경우에는 최초 입사일부터 중간정산일 기준으로 퇴직금을 지급하고, 중간정산일부터 계속근로기간을 새로이 산정합니다.

요즘은 퇴직금 계산기를 포털 사이트에서 무료제공해줄 만큼 보편화되어있어 계산은 어렵지 않으며, 사업자가 이를 부당하게 계산하면 근로자가 고용노동부에 쉽게 신고하는 경우가 많아서 이를 속이려고 해서는 안 됩니다.

그리고 가끔 사업장에서 근로자와 근로계약 시 매월 급여에 퇴직금을 포함하여 급여를 지급하는 때도 있습니다. 이러한 급여형태의 가장 큰 문제점은 '퇴직금분할약정'이어서 '무효'이고, 이미 지급한 금원도 퇴직금으로 인정하지 않는다는 점입니다. 쉽게 말해 퇴직금으로 지급했지만 법상 퇴직금이 아니므로, 이미 준 퇴직금은 온데간데없고 '추가로 퇴직금을 지급'해야 합니다.

2) 퇴직연금

회사의 경영상 어려움으로 폐업 시 거액의 퇴직금을 지급하지 못하는 경우를 예방하고자 사외의 퇴직연금사업자에게 퇴직금 상당의 금원을 적립하는 퇴직연금제도가 있습니다. 퇴직금이 아닌 퇴직연금에 가입한 사업자는 산재 보험료를 감면받을 수 있는 등 퇴직연금에 가입하는 것이 사업자에게도 유리합니다.

퇴직연금은 크게 확정급여형(DB), 확정기여형(DC), 개인형 퇴직연금(IRP)으로 구분됩니다.

① 확정급여형 퇴직연금(DB)

확정급여형 퇴직연금(DB: Defined Benefits Retirement Pension)은 '근로자가 받을 급여의 수준이 사전에 결정되어있는 퇴직연금제도'를 말합니다. 근로자 관점에서 퇴직금과 확정급여형 퇴직급여액은 같습니다. 반면 사용자는 퇴직연금사업자의 운용실적에 따라 사용자가 부담하는 퇴직급여 부담금이 달라집니다. 운용실적이 좋으면 사용자는 퇴직금에 비교해 적은 부담액을 납입하면 되고, 운용실적이 나쁘면 퇴직금보다 더 큰 부담금을 납입하여야 합니다.

퇴직금은 일정 요건을 갖추면 중도인출이 가능하지만, 확정급여형은 중도인출이 불가능합니다. 따라서 근로자는 퇴사 시에만 퇴직연금을 수령할 수 있습니다.

② **확정기여형 퇴직연금(DC)**

확정기여형 퇴직연금(DC: Defined Contribution)은 '급여의 지급을 위하여 사용자가 부담하여야 할 부담금의 수준이 사전에 결정되어있는 퇴직연금제도'를 말합니다.

사용자는 근로자의 1년간 임금총액의 1/12에 상응하는 금액을 퇴직연금사업자에게 납부합니다. 이에 퇴직연금사업자의 운용실적에 따라 근로자가 실제로 수령하는 퇴직급여가 달라집니다. 운용실적이 좋으면 근로자의 퇴직금에 비교해 퇴직급여가 증가하고, 운용실적이 나쁘면 퇴직금보다 근로자의 퇴직급여가 감소합니다.

③ **개인형 퇴직연금(IRP)**

개인형 퇴직연금(IRP: Individual Retirement Pension)은 '가입자의 선택에 따라 가입자가 납입한 일시금이나 사용자 또는 가입자가 납입한 부담금을 적립 · 운용하기 위하여 설정한 퇴직연금제도로서 급여의 수준이나 부담금의 수준이 확정되지 아니한 퇴직연금제도'를 말합니다.

개인형 퇴직연금제도는 퇴직급여를 일시에 수령하였거나, 추가로 연금 제도를 운영하고자 하거나, 자영업자처럼 근로자가 아니어도 활용할 수 있는 제도로서 상시근로자 수가 10인 미만인 사용자면 예외적으로 가입할 수 있는 제도입니다. 개인형 퇴직연금 특례 사업장은 확정기여형 퇴직연금처럼 1년간 임금총액의 1/12에 상응하는 금액을 퇴직연금 사업자에게 납입하면 됩니다.

정리하면 확정급여형(DB)은 중간정산이 안 되는 퇴직금, 확정기여형(DC)은 연봉의 1/12, 개인형 퇴직연금은 10인 미만 사업장의 확정기여형(DC)제도라고 생각하면 구분하기 쉽습니다.

많은 사업장에서는 확정기여형(DC형)을 선택하고 있습니다. 그 이유는 연 단위로 퇴직금을 정산하여 지급하는 방식이므로, 호봉제 시스템인 한국의 연봉제 구조에서 확정급여형(DB형)보다 퇴직급여 부담이 적기 때문입니다.

또한, 퇴직 시점에 일시 지급으로 퇴직금을 지급하게 된다면 퇴직금이 커서 자금흐름에 큰 고민이 될 수도 있습니다. 확정기여형(DC형)은 매년 연봉의 1/12로서 지출금액을 예상할 수 있으며, 매년 경비로 바로 반영되기 때문에 사업장에 유리합니다.

3) 퇴직소득세

모든 소득에는 세금이 따라붙기 마련입니다. 퇴직소득에도 당연히 퇴직소득세가 발생합니다. 퇴직소득세는 일반적인 종합소득과 다르게 분류 과세가 되어 다른 소득과 합산해서 세금계산을 하지 않고 단독으로 세금계산이 됩니다.

분류과세란 세율구조를 다르게 하고 있으며, 소득종류별 · 발생 원천별로 과세하므로 종합과세 방법보다 부과징수가 편리하고 과세 누락 방지가 쉬우며 여러 기간에 걸쳐 발생한 소득을 한꺼번에 과세함으로써 세 부담이 급증하는 결집 효과를 방지할 수 있습니다. 퇴직소득세는 분류과세 구조상 종합과세 구조보다 상당히 낮은 세율이므로, 퇴직소득세에 대한 부담은 대부분 크지 않습니다. 물론 사업주는 퇴직소득 지급

시 산정되는 퇴직소득세를 원천징수하여 다음달 10일까지 신고 및 납부하여야 합니다.

↗ 근로소득자의 중도퇴사자 정산

퇴직소득과 함께 정산할 세무이슈는 근로소득자의 중도퇴사자 정산입니다. 중도퇴사자 정산이란, 연중 퇴사가 발생함으로 인해 연중 근로기간에 대한 근로소득을 퇴사 시점까지 계산하여 중도에 연말정산하는 개념입니다.

연중에는 각종 연말정산 시 적용받는 소득공제와 세액공제의 금액을 확정지을 수 없으므로 근로소득공제, 기본공제 및 근로기간 동안 납부한 4대 보험료를 기초로 간소화된 중도 정산을 진행하게 됩니다. 이때 근로자는 근로소득금액에 따라서 기납부한 원천징수세액과 총 납부세액의 차이를 추가 납부하거나 환급받게 됩니다. 사업주는 중도퇴사자 정산 후 원천징수이행상황신고서를 바로 근로자에게 지급하면 됩니다.

↗ 그 밖의 퇴사자 업무처리

출입카드 등 사업장 자산이 되는 물건 일체와 근로자의 자발적 퇴사라면 사직서를 제출받는 것이 좋습니다. 그 외에 근로복지기금 융자금 등 회사와 관계된 미상환 금액이 있는 경우 퇴직금에서 공제하고, 미리 퇴직증명서 및 경력증명서를 발급해주는 것이 좋습니다.

추가로 4대 보험 자격상실신고를 하여야 합니다. 이때 퇴사사유로

'권고사직'을 선택하는 경우에 근로자는 실업급여 지원 대상자가 될 수 있으며, 사업자는 일자리 안정자금 등 각종 근로자 국가 보조금 지원을 받지 못하게 됩니다. 그러므로 퇴사 이유에 대해서 신중하여야 합니다.

간혹 퇴사하는 직원과 담합하여 퇴직금을 지급하지 않는 대가로 근로자의 실업급여를 부정수급할 수 있게 '권고사직' 처리를 하는 경우가 있습니다. 그러나 추후 이러한 담합이 노동관련 문제로 연결되면 형벌적 제재 및 사업장 폐업과도 직결될 수 있음을 잊지 않아야 합니다. 두 발 뻗고 잘 수 없을 것 같다면 절대 이러한 담합을 하지 않아야 합니다.

tip 퇴직금 중도정산

간혹 직원의 사정으로 퇴직금을 중간정산해주길 원하는 경우가 있습니다. 그러나 퇴직금 중간정산은 이하의 요건에 해당하는 경우에만 가능하고, 확정급여형 퇴직연금(DB형)은 중간정산 자체가 불가능합니다.

① 무주택자인 근로자가 본인 명의로 주택을 구입하는 경우
② 무주택자인 근로자가 주거목적으로 전세금, 보증금을 부담하는 경우
③ 근로자 본인, 배우자, 부양가족이 질병, 부상으로 6개월 이상 요양 시
④ 최근 5년 이내 파산선고를 받거나 개인회생 절차 개시 결정을 받은 경우
⑤ 임금피크제를 시행하여 임금이 줄어드는 경우
⑥ 소정근로시간을 1일 1시간 또는 1주 5시간 이상 변경하여 그 변경된 소정근로시간에 따라 근로자가 3개월 이상 계속 근로하기로 한 경우
⑦ 근로시간의 단축으로 근로자의 퇴직금이 감소하는 경우
⑧ 천재지변으로 고용노동부 장관이 정한 사유와 요건에 해당하는 경우

05 일용 근로소득, 사업소득 및 기타소득의 인건비 신고

사업장에서 지급하는 소득의 원천징수는 근로소득만 있는 것이 아닙니다. 그 외에 대표적으로 일용 근로소득, 사업소득 및 기타소득의 원천세 신고에 대해서도 숙지하고 있어야 합니다.

↗ 일용 근로소득자

사업장에서 잠깐 일손이 필요할 때가 있습니다. 그런데 그 업무기간이 1~2달 정도 되다보니, 이 근무자는 일용 근로소득자 같은데 정확하게 맞는지 잘 모를 수 있습니다. 이는 일일 아르바이트인 일용 근로자에 대한 정의가 세법과 노동법이 조금 다르므로 실무에서 많은 혼동이 발생하기 때문입니다.

구분	일용근로자 정의
세법	일반: 3개월 미만의 기간 동안에 근로를 제공하는 사람 건설업: 1년 미만의 기간 동안에 근로를 제공하는 사람
노동법	근로계약을 1일 단위로 체결하고, 1일 근무로써 근로계약도 종료되어 계속고용이 보장되지 않은 자

또한 4대 보험의 가입조건은 일용근로자와 별개로 적용됩니다.

구분	가입조건
국민연금 · 건강보험	다음 요건을 충족한 자 1달 이상 근로(연달아 2개월 근로)하면서, 1달에 근로일수가 8일 이상이거나 근로시간이 60시간 이상(주 15시간 이상)인 경우
고용보험	근로시간 근로일과 상관없이 의무가입대상. 단, 월 소정근로시간 60시간 미만인 사람(1주간 소정근로시간 15시간 미만 포함)과 65세 이후에 새로 고용된 사람은 제외
산재보험	근로시간 근로일과 상관없이 의무가입대상

세법에서 일용근로자의 원천징수는 다음의 산식으로 적용합니다.

(일용근로 급여−1일 15만 원)×6%×(1−55%)=결정세액

그러므로 1일 급여가 15만 원 이하라면, 실질적인 원천징수세액은 발생하지 않게 됩니다.

다음으로 일용근로자가 3개월 이상 근로하면 세법에서는 상시근로자가 되어 상시근로자에 대한 원천세 신고의무가 생길 수 있으며, 최초 근로계약이 3개월 이상 근무할 조건으로 취업한 경우에는 3개월 미만 근무자도 상시근로자로 세금을 계산해야 합니다. 그렇다고 2달만 연속으로

신고하게 되면 상시근로자에 따른 원천세 신고의무는 면하겠지만, 국민연금 및 건강보험 등 4대 보험의 신고의무자가 될 수 있습니다.

이렇게 4대 보험과 세법의 적용조건이 다르므로 실무에서 혼선이 빚어지는 경우가 많습니다. 일용직 소득은 정말 일시적으로만 근무하는 형태이므로, 상시근로자를 일용직 소득 처리하여 추후에 추징당하는 일이 없도록 하여야 합니다.

마지막으로 일용직 근로소득자는 연말정산 대상에 해당하지 않으므로 매일 급여 지급 시 원천징수로써 모든 납세 의무가 종료됩니다.

사업소득 및 기타소득의 구분

사업장에서 프리랜서에게 업무를 맡기고 그에 대한 대가를 지불해야 하는 경우가 있습니다. 이때도 지급하는 대가에 대한 소득을 구분하여 원천징수를 해야 합니다.

프리랜서는 별도의 사업장을 갖추지 않고, 사업설비도 없으며, 일정한 집단이나 회사에 전속되지 않은 자유기고가나 배우 또는 자유계약에 의하여 일하는 사람을 말합니다. 이런 프리랜서에게 지급하는 대가는 사업소득 또는 기타소득으로 보아 국세청에 원천세를 신고합니다.

사업소득, 기타소득, 근로소득은 어떻게 구분할까요?

사업소득, 기타소득, 근로소득 구분

소득 종류	소득 개념
사업소득	- 고용 관계없이 독립된 자격으로 계속 · 반복성에 의해 발생한 수입 - 원천징수: 수입금액의 3.3%(지방소득세 포함)
기타소득	- 고용 관계없이 독립된 자격으로 일시 · 우발적으로 발생하는 비경상적 수입 - 이자 · 배당소득, 사업소득, 근로소득, 연금소득, 퇴직소득 · 금융투자소득 및 양도소득 외의 소득을 지칭, 타 소득과 기타소득에 둘 다 포함되면 타 소득으로 분류 - 원천징수: 기타소득금액(수입금액-필요경비)의 22%(지방소득세 포함) - 기타소득금액이 연 300만 원 이하면 분리과세 선택이 가능
근로소득	- 고용 관계에 의한 근로 제공 - 원천징수: 근로소득 간이세액표에 따라 원천징수 - 근로소득 이외의 소득이 있다면 5월에 종합소득세 신고의무 발생

사업소득 프리랜서에게는 지급금액의 3.3%를 원천징수로 납부하고, 차액인 96.7%를 실제 지급하여야 합니다. 가끔 프리랜서는 원천징수를 하는 이유를 모르는 경우가 있으므로 「소득세법」에 따른 처리방법이라는 설명을 미리 하는 것이 좋습니다.

프리랜서가 아니라 일시적으로 업무를 도와주는 자에게 소득을 지출하는 경우에는 기타소득에 해당하게 됩니다. 고용관계 없이 다수인에게 강연을 하고 강연료 등 대가를 받거나, 그 밖에 고용관계 없이 수당 또는 이와 유사한 성질의 대가를 받고 제공하는 용역을 말합니다.

'기타소득금액'은 지급하는 금액인 총수입금액에서 필요경비를 차감한 금액을 말합니다. 그러나 일시 · 우발적으로 용역을 제공하는 기타소득의 경우에 필요경비는 대부분 존재하지 않게 됩니다. 이때 그 필요경비가 없더라도 세법에서는 지급금액의 60%에 해당하는 소정 금액을 최소한의 필요경비로 인정해주고 있습니다. 물론 실제 지출한 비용이 지급금액의 60%보다 크다면 실제 지출비용을 필요경비로 인정받을 수 있습니다.

이렇게 계산된 '기타소득금액'에서 22%에 해당하는 세액을 원천징수로 납부하고, 차액을 기타소득자에게 지급하면 기타소득에 대한 원천징수의무가 마무리 됩니다.

초단시간 근로자란?

주 소정근로시간이 15시간 미만의 근로자를 초단시간 근로자로 칭합니다. 초단시간 근로자는 산재보험만 가입하는 것이 원칙이지만, 국민연금의 경우는 일용근로자와 같이 월 8일 이상이거나 월 60시간 이상 근무 시 가입을 권고하고 있습니다.

초단시간 근로자는 주휴수당과 연차유급휴가를 적용하지 않습니다. 또한 퇴직금 대상도 아니기 때문에 최저임금의 급격한 상승으로 인건비 부담이 큰 편의점 등 영세사업장 사장님들이 주로 활용하고 있는 형태입니다.

그러나 근로자의 업무숙련도가 잘 쌓이지 않고, 안정적인 근무처를 원하는 근로자가 쉽게 퇴사를 하는 등의 차후적인 고민이 생기는 근무형태이므로, 일시적이면서 단순한 업무의 보직에서만 고려해보는 것이 좋습니다.

tip 인건비 세무조사 포인트

인건비 관련한 세무조사 중점 검증사항은 크게 다음의 4가지입니다.

① 가족이 근무 중이라면 실제 근무 여부를 사업장 불시 방문, 직원 인터뷰 등으로 확인합니다. 가상으로 가족을 근무자로 배치하고 인건비를 지급하고 있다면 관련경비를 모두 부인당하게 됩니다.

② 대학생 · 유학 · 군복무 · 장기 입원자에 대한 인건비 계상 여부를 확인합니다. 사실상 상시근로자로 보기 어려운 신분에 있는 자에게 인건비가 지출된다면 과세관청 입장에서는 필요경비를 가공계상하기 위한 것으로 오해할 수 있습니다.

③ 가공인건비 확인은 사업용 계좌 출금내역과 인건비 신고내역을 통해 확인합니다. 만일 근로자가 근무하지 않은 근무처의 근무기록을 확인하여 소득신고가 되어 있음을 확인하게 되면 '근로사실 부인 신청서'를 제출하여 본인이 해당 근무처에서 근무한 적이 없다고 입증할 수 있습니다. 이렇게 된다면 사업주는 탈세를 한 경우가 되어 추가적인 자료를 요청받게 됩니다.

④ 국민연금보험료 및 국민건강보험료는 「소득세법」상 비과세 소득을 제외한 소득에 부과되므로, 「소득세법」상 비과세 소득 중 월 10만 원 이하의 식대를 급여에 포함하면 4대 보험을 줄일 수 있습니다. 그러나 식당을 운영하는 경우 등은 대부분 직원에게 복리후생의 목적으로 식사를 자체적으로 무상 제공하는 경우가 많습니다. 이렇게 무상제공하면서 월 10만 원 이하의 식대를 비과세한다는 것은 이중으로 식사와 식사대를 인정받는 것이 되므로 세무조사 검증사항이 될 수 있습니다.

06 채용 전 살펴보는 노동법

요즘 뉴스에서는 노무 관련 소식을 너무나도 쉽게 접할 수 있어서 노무지식을 쌓지 않는 사업주에게는 조그마한 근로자와의 다툼이 큰 화가 되어 돌아오는 경우를 쉽게 마주합니다. 채용부터 퇴사까지 전 과정에서 노동법을 준수하지 않으면 고용노동부로부터 출두요청 전화를 받게 될지도 모릅니다. 근로자 채용 전 꼭 살펴봐야 할 노동법에 대하여 알아보겠습니다.

↗ 최저임금

최저임금에 대한 오해 중 가장 대표적인 것이 임금총액을 기준으로 최저임금 위반이 아니라고 생각하는 것입니다. 월급이 1,822,480원 이상(2021년 기준, 2022년 1,914,440원)인지가 중요한 것이 아니라, 최저임금에 포함되는 임금항목의 합이 최저임금액 이상인지가 중요합니다.

1) '임금'에 해당하는지 여부

최저임금은 우선 근로의 대가인 임금이어야 합니다. 따라서 사용자의 경영실적 평가결과에 따라 분배하는 경영성과급 등은 근로의 대가가 아니므로 임금이 아니고, 최저임금에도 포함되지 않습니다.

2) '매월 1회 이상 지급되는지' 여부

최저임금에 포함되는 임금은 '매월 1회 이상 정기적으로 지급'되어야 합니다. 설 · 추석 명절 상여금이나 분기마다 지급하는 상여금 등은 매월 지급하지 않으므로 최저임금에 포함되지 않습니다. 매월 1회 이상 지급되고 최저임금 산정 시 제외되는 임금항목이 아니라면 그 명칭이 무엇이든 최저임금에 포함됩니다.

3) 연장 · 야간 · 휴일근로수당 또는 연차수당

근무특성에 따라 연장근로가 반복적으로 발생한다고 하더라도 연장 · 야간 · 휴일근로수당은 최저임금에 포함하지 않는 임금항목이라고 규정되어 있으므로, 근로계약서나 연봉계약서에 매월 지급되도록 정하여져 있더라도 이는 최저임금 산입 범위에 포함하지 않습니다. 연차수당 역시 매월 지급되도록 연봉계약서 등에 기재되어 있더라도 최저임금 산정 시 제외됩니다.

4) 현금성 복리후생비 및 지급기준이 1월을 초과하는 상여금

식비, 숙박비, 교통비 등 생활보조 또는 복리후생을 위한 성질의 임금으로서 매월 1회 이상 통화로 지급되는 임금의 경우 2021년 기준 최저임금 월액에 5%(91,120원)를 초과하는 부분은 최저임금에 포함됩니다. 이와 같은 현금성 복리후생비가 없거나 2021년 기준 91,120원 미만이면 최저임금에 포함하지 않습니다.

'1개월을 초과하는 기간에 걸친 해당 사유에 따라 산정하는 상여금, 장려가급, 능률수당 또는 근속수당'이거나 '1개월을 초과하는 기간의 출근성적에 따라 지급하는 정근수당' 역시 현금성 복리후생비와 마찬가지로 매월 1회 이상 정기적으로 지급되더라도 2021년 기준 91,120원 초과하는 부분만 최저임금에 포함됩니다.

반면 1개월 이내의 기준에 의해 산정되어 매월 1회 이상 지급되는 상여금은 그 전액이 최저임금액에 포함됩니다. 매월 지급되는 상여금의 경우 지급기준에 따라 전부 또는 일부만 포함되므로 근로계약서나 연봉계약서 작성 시 유의하여야 합니다.

통상임금

통상임금은 사용자와 근로자 사이에 법정 근로시간의 범위에서 정한 근로시간(소정근로시간)을 초과하는 근로를 제공할 때 가산임금 등을 산정하는 기준임금으로 기능합니다.

1) 통상임금의 산정기준

통상임금에 해당하는지는 소정근로의 대가로서 정기성 · 일률성 · 고정성을 모두 갖추었는지에 따라 판단하는데, ① 근무실적에 연동하는 임금이거나 ② 특정 시점에 재직 중인 자에게만 지급하는 임금은 통상임금에서 제외됩니다.

근로계약서나 연봉계약서에 기재된 임금명칭이 무엇이든 통상임금의 고정성을 배제하는 위 2가지 요건이 없다면 통상임금에 해당한다고 생각하여도 됩니다. 다만, 경영성과급이나 실비 변상적 급여는 돈이지만 임금이 아니므로 통상임금에 해당하지 않습니다.

2) 월급근로자의 통상임금 산정방법

통상임금은 해당 임금의 산정 기간이 시간급인지, 일급인지, 월급인지 등으로 각각 상이하더라도 「근로기준법」에 따라 '통상시급'을 산정하면 됩니다.

통상시급은 매월 지급되는 임금항목의 임금액을 모두 더해 '209'로 나누면 됩니다. 일, 주, 월 외의 일정한 기간으로 정한 임금도 위와 같은 산정방법을 준용하여 통상임금을 계산합니다.

- 고정성 있는 경우 통상시급: (월급÷209)+(상여금 총액÷12월÷209)
- 고정성 없는 경우 통상시급: (월급÷209)

3) 반복적인 연장 · 야간 · 휴일근로수당

3교대 근무자처럼 근무 특성상 연장 · 야간 · 휴일근로 등이 반복적으로 발생하면 근로계약서나 연봉계약서에 연장 · 야간 · 휴일근로수당을 사전에 표시하여 임금예상액을 기재하는 것도 가능합니다.

근로계약서 등에 연장근로수당의 계산방법이 '통상시급×연장근로시간×150%'라고 정하는 것은 소정근로시간을 초과한 근로의 대가 100%와 연장 가산 50%를 표시한 것이라고 이해하면 됩니다.

8시간 이내의 휴일근로수당의 경우는 연장근로수당과 동일하게 계산하면 되고, 8시간 초과 시 '통상시급×휴일근로시간×200%'라고 계산하면 됩니다. 이때 200%는 소정근로시간이 아닌 근로의 대가 100%와 휴일 가산 50% 그리고 8시간을 초과한 연장 가산 50%의 합입니다.

반면, 야간근로수당은 당일 22:00~익일 06:00 사이의 근로를 말하므로 근로의 대가 100%가 209 안에 포함된 경우가 많아 '통상시급×야간근로시간×50%'라고 계산하는 것이 일반적입니다.

포괄임금제

우리나라 노동법은 '근로시간'에 대해서 임금을 지급하도록 정하고 있습니다. 사용자와 근로자가 근로계약을 체결함에 있어서는 기본임금을 정하고 이를 기초로 각종 수당을 가산하여 지급하는 것이 원칙입니다.

그러면 근로시간을 산정할 수 없거나 산정하는 것이 어려운 경우에는 임금을 어떻게 지급하여야 할까요? 바로 포괄임금제 계약입니다. 근로시간을 산정할 수 없으니 임금을 계산하기 어렵고, 노동법을 그대로 적용할 수 없어 법원에 의해 예외적으로 인정되는 제도입니다.

즉, 포괄임금제란 '기본임금을 정하지 아니한 채 각종 수당을 합한 금액을 월 급여액이나 일당 임금으로 정하거나, 기본임금을 정하고 매월 일정액을 각종 수당으로 지급하는 내용'을 임금 지급계약 또는 단체협약을 통해 체결하는 것을 말합니다.

1) 예외적으로 허용되는 포괄임금제

근로시간을 산정할 수 있는 경우라면 포괄임금제 방식을 체결하였다고 하더라도 「근로기준법」상의 근로시간에 따른 임금 지급의 원칙이 적용되어야 합니다.

근로시간을 산정할 수 없거나 근로시간을 산정하기 어려운지, 즉 포괄임금제에 관한 약정이 성립하였는지는 근로시간, 근로 형태와 업무의 성질, 임금 산정의 단위, 단체협약과 취업규칙의 내용, 동종 사업장의 실태 등 여러 사정을 종합적으로 고려하여 판단합니다.

2) 명칭만 포괄임금제인 경우

근로 형태나 업무의 성격상 연장 · 야간 · 휴일근로가 당연히 예상된다는 이유로 포괄임금제 계약을 체결하여도, 근로시간을 산정할 수 있다면 원칙대로 「근로기준법」이 적용되어야 합니다. 명칭만 포괄임금제 계약을 체결한 경우, 「근로기준법」이 정한 근로시간에 관한 규제를 위반하는지를 따져 포괄임금에 포함된 법정수당이 「근로기준법」이 정한 기준에 따라 산정된 법정수당에 미달한다면 사용자는 그 미달하는 법정수당을 지급하여야 합니다.

반대로 금액이 법정수당보다 높고, 포괄임금제 계약이 아니라는 것을 알게 되더라도 이를 이유로 근로자의 임금을 삭감할 수는 없습니다.

3) 포괄임금제에 해당하는 경우

감시적 근로자(예 경비원 등)나 단속적 근로자처럼 근로시간을 산정하기 어려운 경우라면 포괄임금제를 적용할 수 있습니다. 특히 감시 또는 단속적 근로자에 대해 고용노동부 장관으로부터 근로시간의 적용 예외 승인을 받을 수 있으므로, 사용자는 포괄임금제와 더불어 이 승인을 받아 적법하게 운영할 필요가 있습니다.

➚ 근로계약서

근로계약서를 작성하지 않아도 근로관계가 성립되었다면 임금이나 퇴직금 등을 받는데 지장이 없습니다. 그러나 채용 시 말한 임금과 실제 받은 임금액의 차이가 있는 등 근로조건에 관한 갈등이 발생했을 때 근로자를 보호하기 위해 「근로기준법」에서 사용자는 근로계약서를 '종이'로 작성하여 근로자에게 1부를 '교부'하여야 하고, 근로자의 지위별로 근로계약서에 명시하여야 할 사항을 모두 기재하여야 합니다. 근로계약서는 고용노동부 홈페이지에서 '표준 근로계약서'를 검색하면 쉽게 찾을 수 있습니다.

근로계약서를 작성하지 않는 회사가 있지만 몇 장에 걸쳐서 길고 복잡하게 작성하는 회사도 있습니다. 아무리 많은 내용을 적었다고

하더라도 필수적으로 기재되어야 할 사항이 누락된 근로계약서는 위법합니다. 근로계약서를 작성할 때는 근로자의 지위에 따라 근로계약서에 기재되어야 할 내용이 조금씩 다릅니다.

일반 근로자는 임금의 구성항목, 계산방법 및 지급방법과 소정근로시간, 휴일, 연차유급휴가가 기재되어야 하고, 기간제 근로자는 이 외에 근로계약 기간과 휴게, 휴가, 취업의 장소와 종사하여야 할 업무에 관한 사항이 기재되어야 합니다. 단시간근로자는 근로일 및 근로일별 근로시간이 추가로 기재되어야 합니다.

1) 기간제 근로자의 근로계약서 작성방법

법 적용의 원칙 중 특별법 우선의 법칙이 있습니다. 일반법과 특별법 중에서 특별법을 먼저 적용한 후에 일반법을 적용한다는 의미입니다. 계약직, 비정규직 등으로 불리는 기간제 근로자는 '기간의 정함이 있는 근로계약'을 체결하여 정규직보다 근로조건이 열악하므로 「근로기준법」의 특별법인 「기간제법」을 우선하여 적용합니다.

기간제 근로계약을 체결한 경우 근로계약서에 임금의 구성항목 · 계산방법 · 지급방법 및 소정근로시간, 주휴일, 연차유급휴가뿐만 아니라 근로계약 기간, 휴게시간, 취업의 장소와 종사하여야 할 업무에 관한 사항이 추가로 기재되어야 합니다.

기간제 근로계약을 체결한다고 말하고 실제 근로계약서에 언제부터 언제까지 근로한다는 근로계약 기간이 적혀져 있지 않다면 '기간의 정함이 없는' 정규직으로 근로계약을 체결한 것으로 봅니다.

2) 단시간근로자의 근로계약서 작성방법

주말 아르바이트처럼 8시간씩 일하지만, 근무횟수가 적어 주 40시간 미만 근로하거나, 주5일 근무하되 1일 근로시간이 8시간보다 적게 일하는 근로자 등을 '단시간근로자'라고 말합니다.

「기간제법」의 정식 명칭은 「기간제 및 단시간근로자 보호 등에 관한 법률」로서 정규직인지 아닌지와 관계없이 단시간근로자라면 특별법 우선의 원칙에 따라 「기간제법」을 우선 적용받습니다.

따라서 단시간근로자의 근로계약서에는 기간제 근로자와 마찬가지로 근로계약 기간, 휴게시간, 취업의 장소와 종사하여야 할 업무가 기재되어야 하고, 추가로 근로일 및 근로일별 근로시간도 적혀있어야 합니다.

↗ 급여명세서 등

급여명세서 작성 및 교부는 의무가 아니었지만, 2021. 11. 19.부터 사용자는 근로자에게 임금을 지급할 때 급여명세서 작성 및 교부를 꼭 해야 합니다.

급여명세서에는 급여의 구성항목 및 계산 방법, 법령이나 단체협약에 따른 급여의 공제 내역 등을 기재해야 합니다. 급여명세서는 서면이나 이메일 등 전자문서로 교부할 수 있습니다. 급여명세서가 교부되면 근로자는 급여의 세부내역을 확인할 수 있고, 급여를 둘러싼 노사 간 분쟁을 예방할 수 있습니다. 만일 급여명세서 교부 위반 시 500만 원 이하의 과태료가 부과됩니다.

사실증명서로 재직 중인 직원이나 퇴사한 직원이 경력증명서 발급을 요청하면 사용자는 이를 반드시 이행하여야 합니다. 근로자가 청구하는 경우에는 사용자는 사용 기간, 업무종류, 지위와 임금 등을 사실대로 적은 증명서를 즉시 발급하여야 하기 때문입니다.

근로자 수에 따른 노동 의무내용

「근로기준법」은 '최저조건으로서 근로 기준'이기 때문에 '무조건' 적용되는 것이 원칙입니다. 그러나 상시근로자 수가 5인 미만 사업장은 아주 예외적으로 의무가 아닌 '선택적으로 적용'할 수 있도록 허용하고 있습니다. 즉, 5인 미만의 직원으로 개업하는 경우는 아래의 규정을 적용하지 않아도 위법이 아닙니다.

- 부당해고 구제적용, 휴업수당, 연장근로 시간의 제한(주 12시간) 및 연장, 야간, 휴일근로 시 50% 가산 제외, 연차유급휴가 등

그러나 직원이 단 1명뿐인 사업장이라도 무조건 준수하여야 하는 사항은 다음과 같습니다.

- 근로계약서 작성, 4대 보험 가입, 퇴직금 지급, 최저임금 준수 등

1년에 수차례 개정이 되는 노동 관련법을 직접 전부 숙지하여 적용하는 것은 불가능에 가깝지만, 직원을 고용 중이라면 무조건 숙지해야 합니다. 그러므로 노동 관련 이슈가 복잡하게 발생하게 될 것 같다면 미리 공인노무사에게 자문받아 사고를 미연에 방지하길 권합니다.

tip 외국인 채용 시 주의사항

내국인은 고용 절차가 간단하지만, 외국인은 적격 비자 유무 및 별도 사항 검토가 많이 필요합니다. 외국인을 채용하기 위해서는 먼저 '고용허가제'라는 제도를 알고 있어야 합니다. '고용허가제'란 외국 인력을 고용하려는 사업자가 직종과 목적 등을 제시할 경우 정부(고용노동부장관)가 그 타당성을 검토하여 허가여부를 결정하는 외국인력 도입정책입니다.

또한 외국인을 채용하게 되면 출국만기 보증보험, 귀국비용 상해보험 등 몇 가지의 제반절차가 필요하기 때문에 관련 전문 업체와 상의를 통해 꼼꼼히 그 가부를 살펴보는 것이 좋습니다. 이를 위반하게 되면 과태료 등의 처분을 받을 수 있습니다.

외국인 채용에서 핵심은 비자입니다. 대한민국에서 일을 할 수 있는 목적에 맞는 비자가 있어야 하며, 체류자격이 없는 비자를 가진 외국인이 일을 한다면 불법체류 등의 문제점을 야기할 수 있습니다. 불법체류자를 고용하게 된다면 3년 이하의 징역 또는 2천만 원 이하의 벌금 등에 처해질 수 있다는 점을 꼭 숙지하고 불법체류자 고용에 대해서 신중히 결정하여야 합니다.

07 채용 후 살펴보는 노동법

근로자 채용 후 지켜야 하는 필수 노무 지식에 대해서 알아보겠습니다.

↗ 휴게 시간

1) 근로시간 도중에 휴게 시간 부여

9시에 출근해서 6시에 퇴근하는 직원이 전혀 안 쉬고 열심히 일한 뒤 5시에 퇴근하면서 휴게 시간을 1시간 갖는 것은 가능할까요? 최소 1시간을 쉬어야 한다면, 퇴근 시간을 1시간 앞당기면서 쉬고 싶은 근로자가 있을 것입니다.

안타깝게도 출근 전이나 퇴근 후에 휴게 시간을 부여할 수는 없습니다. 사용자는 휴게 시간을 근로시간 '도중에' 부여하여야 하기 때문입니다. 「근로기준법」은 최저기준으로서 근로조건이기 때문에 근로자 본인도 자신의 근로조건을 낮출 수 없습니다. 따라서 8시간 근로해야 한다면 근로시간 도중에 1시간을 쉬어야 하고, 출근을 늦추거나 퇴근을 앞당길 수는 없습니다.

2) 휴게 시간은 근로시간에서 제외

하루에 8시간 근로라면 오전 9시 출근해서 오후 5시 퇴근해야 하는데 왜 오후 6시에 퇴근할까요? 휴게 시간은 근로시간에서 제외되기 때문입니다. 아주 당연한 말처럼 들리지만, 휴게 시간이 근로시간에서 제외된다는 것은 매우 중요한 개념입니다. 오전 9시에 출근해서 오후 9시에 퇴근하는데 휴게 시간이 10시간이라면, 회사에 12시간 있어도 근로시간은 단 2시간뿐입니다.

3) 휴게 시간은 무급이 원칙

휴게 시간은 '최소' 부여기준만 있으므로, 휴게 시간이 긴 것은 법적으로 문제가 없습니다. 그러나 근로자 관점에서 휴게 시간이 지나치게 길어지는 것이 좋기만 한 것은 아닙니다. 회사에 오래 있지만, 임금은 그만큼 올라가지 않기 때문입니다. 즉, 휴게 시간에 대해서 임금을 지급하라는 규정이 없으므로 사용자는 휴게 시간에 대해서 임금을 지급하지 않아도 되기 때문입니다.

만약 임금을 지급하더라도 이는 근로시간이 아니어서 최저임금 등이 적용되지 않습니다. 회사의 정책, 노사합의, 근로계약 등에 따라 임의로 정한 금원을 유급휴게 수당으로 지급하면 됩니다.

↗ 휴가 제도

근로 제공의무가 있는데 법률이나 단체협약, 사용자의 명령 등으로 근로 제공의무가 면제되는 날을 휴가라고 합니다.

법정휴가에는 「근로기준법」상 연차유급휴가, 생리휴가, 출산 전후 휴가, 「남녀고용평등법」상 배우자 출산휴가, 가족 돌봄 휴가 등이 있으며, 결혼, 장례 등 경조사 휴가는 취업규칙 등에 정한 약정휴가입니다.

1) 출산 전후 휴가

'출산 전후 휴가'는 임신 중인 여성 근로자에게 출산 전과 출산 후를 통하여 90일의 휴가를 사용하는데, 한 번에 둘 이상의 자녀(이하 '다태아')를 출산하는 경우에는 120일의 휴가를 사용합니다. 다태아는 자녀의 수와 관계없이 휴가 기간이 120일로 같습니다.

출산 전후 휴가는 명칭에서 알 수 있듯이 출산 전과 출산 후에 사용하는 휴가로서 출산 후 휴가 기간이 45일, 다태아의 경우 60일이 되어야 합니다. 유 · 사산의 위험이 큰 임신근로자의 경우 출산 전후 휴가를 나누어 사용할 수 있는데, 나누어 사용하더라도 사용자는 출산 후 보장되어야 하는 휴가 기간을 보장하여야 합니다.

출산 전후 휴가는 유급인 기간과 무급인 기간이 혼재되어 있는데, 휴가 중 최초 60일은 유급이고 그 후 30일이 무급이며, 다태아의 경우 최초 75일은 유급이고 그 후 45일이 무급입니다. 여기서 유급이란 사용자가 지급할 의무가 있는 기간을 말합니다.

유급 휴가 기간에 대해서는 사용자가 근로자의 통상임금을 기준으로 수당을 지급합니다. 상시근로자 수가 적은 우선지원 대상기업은 고용보험에서 사용자를 대신해서 근로자에게 유급 휴가분 수당을 지급합니다. 무급 휴가 기간은 회사에서 지급하는 수당이 없다는 뜻이고, 근로자는 무급기간에 고용보험으로부터 지원금을 받습니다.

2) 생리휴가

'생리휴가'는 연령 · 근로 형태 · 직종 · 소정근로일의 개근 여부 등과 관계없이 생리현상이 있는 여성 근로자가 청구하면 사용자는 이를 허용하여야 합니다. 임신 중인 근로자나 폐경인 여성 근로자처럼 생리현상이 없다면 생리휴가를 신청할 수 없습니다.

생리휴가는 유급으로 부여하라는 규정이 없으므로 무급휴가가 원칙인데, 단체협약이나 취업규칙 등에 유급으로 부여한다는 규정이 있으면 이에 따르면 됩니다. 규모가 큰 사업체는 생리휴가를 유급으로 지급하는 경우가 많습니다.

사용자는 근로자가 요청하는 날에 생리휴가를 부여하여야 하고 일정을 변경할 수 없습니다. 그에 반해 난임 치료휴가나 가족 돌봄 휴가는 요청한 날에 휴가를 부여하는 것이 원칙이나, 정상적인 사업 운영에 중대한 지장을 초래할 때는 근로자와 협의하여 그 시기를 변경할 수 있습니다.

3) 업무상 재해로 인한 휴가

업무상 재해는 크게 업무상 사고, 업무상 질병과 출퇴근 재해로 구분할 수 있습니다. 일을 하다가 사고를 당하거나 병에 걸리거나 출·퇴근길에 다치는 것에 대해 「근로기준법」 및 「산업재해보상보험법」으로 보호받을 수 있습니다.

4) 연차유급휴가

'연차유급휴가'란 근로자에게 일정기간 근로의무를 면제함으로써 정신적·육체적 휴양의 기회를 제공하고 문화적 생활의 향상을 위해 '근로자의 계속근로기간'에 대하여 '연 단위'로 부여되는 '유급휴가'를 말합니다.

근로계약을 체결하고 최초 1년 동안은 1개월 개근 시 1일의 휴가가, 그 이후부터는 1년간 80% 이상 출근하면 15일의 휴가와 장기 근속한 기간마다 가산휴가가 발생합니다.

연차유급휴가는 '5인 이상 사업장'에서 근로하는 근로자 중 '소정근로시간이 주 16시간 이상'이고 '계속근로기간'이 일정기간 이상이면 적용됩니다.

상시근로자 수가 5인 미만 사업장의 사용자는 근로자에게 연차유급휴가를 부여하지 않을 수 있으므로, 소규모 사업장에서 근로하는 근로자는 안타깝게도 연차유급휴가를 적용받을 수 없습니다. 추가로 상시근로자 수가 5인 이상인 사업장에서 근로하더라도 일을 하기로 약정한 시간, 즉 소정근로시간이 15시간 미만인 근로자는 연차유급휴가 규정 자체가 적용되지 않습니다.

↗ 휴직

휴직이란 '어떤 근로자를 그 직무에 종사하게 하는 것이 불능이거나 또는 적당하지 아니한 사유가 발생한 때에 그 근로자의 지위를 그대로 두면서, 일정기간 그 직무에 종사하는 것을 금지하는 사용자의 처분'을 말합니다.

근로를 제공하지 않아도 휴직 기간 동안 근로자 지위는 유지되므로 퇴직금 및 연차유급휴가 산정 시에도 계속근로기간으로 인정됩니다. 즉, 휴직 기간에 대해 퇴직금을 지급하고 근속연수에 따른 가산 연차휴가를 부여합니다. 다만, 군 복무로 인한 휴직 기간은 퇴직금 지급 기간에서 제외됩니다.

휴직 제도의 대표적인 육아휴직에 대해서 한 번 살펴보겠습니다. 육아휴직은 「남녀고용평등법」에 근거를 둔 법정 휴직으로서 만 8세 이하 또는 초등학교 2학년 이하의 자녀를 둔 근로자가 자녀의 양육을 위해 휴직을 신청하면 사용자는 이를 허용하여야 합니다.

근로자가 기간제 근로자인지, 파견근로자인지와 관계없이 육아휴직을 신청할 수 있는 요건이 된다면 사용자는 육아휴직을 허용하여야 합니다. 다만, 계속근로기간이 6개월 미만인 근로자가 육아휴직을 신청하는 경우에는 사용자가 육아휴직을 허용하지 않을 수 있습니다.

근로자는 육아휴직 시 근로를 제공하지 않지만, 연차휴가 산정 시 출근한 것으로 보아 연차유급휴가를 받을 수 있고, 사용자는 휴직 기간 종료 후에는 원직 복직시켜야 하며 육아휴직을 이유로 한 불이익 취급을 할 수 없습니다.

육아휴직은 최대 1년으로서 자녀가 만 8세 이하 또는 초등학교 2학년 이하라면 분할사용이 가능하고, 육아휴직 대신 육아기 근로시간 단축을 신청할 수 있습니다. 여기서 육아기 근로시간 단축이란, 육아휴직을 사용할 수 있는 근로자가 자녀의 양육을 위해 근로시간을 단축하여 1주 15시간 이상 35시간 이내의 범위에서 근로하는 것을 말합니다. 육아기 근로시간 단축 역시 육아휴직과 별도로 최대 1년간 사용 가능합니다.

↗ 직장 내 성희롱

직장 내 성희롱이란 '사업자 · 상급자 또는 근로자가 직장 내의 지위를 이용하거나 업무와 관련하여 다른 근로자에게 성적 언동 등으로 성적 굴욕감 또는 혐오감을 느끼게 하거나 성적 언동 또는 그 밖의 요구 등에 따르지 아니하였다는 이유로 근로조건 및 고용에서 불이익을 주는 것'을 말합니다. 성희롱을 한 자가 사업자, 상급자, 근로자이면 직장 내 성희롱에 해당하고, 고객이 성희롱한 경우 고객을 징계할 수는 없으므로 직장 내 성희롱으로 보지 않습니다.

성희롱에는 육체적 행위, 시각적 행위, 청각적 행위는 물론 기타 사회 통념상 성적 굴욕감을 유발하는 것으로 인정되는 언어나 행동도 모두 포함됩니다.

직장 내 성희롱으로서 금지되는 행위인지는 직장 내의 지위를 이용하거나 업무와의 관련성이 있는지, 피해근로자가 원치 않는 행위를 하였는지, 성적 언동 또는 그 밖에 요구가 있었는지 등을 고려하되

행위자의 성희롱을 할 의도로 한 행위인지는 살피지 않습니다.

직장 내 성희롱으로부터 보호받는 자는 기간제 근로자, 단시간근로자, 파견근로자 등 모든 근로자는 물론 채용과정에 응시한 구직자도 포함됩니다.

사업자는 직장 내 성희롱을 예방하기 위하여 연 1회 이상 예방 교육을 시행하여야 하는데, 근로자뿐만 아니라 사용자와 사업자까지 모두 직장 내 성희롱 예방 교육을 이수하여야 합니다. 교육 자료만 배포하는 것은 허용되지 않고 수강자가 교육내용을 숙지할 수 있도록 직장 내 성희롱 예방 교육을 운영하여야 하고, 교육 후에는 교육내용을 게시하고 쉽게 열람할 수 있도록 조처를 해야 합니다.

또한, 직장 내 성희롱과 관련된 고충처리기관을 운영하여야 합니다. 특히 상시근로자 30인 이상의 사업장에서는 반드시 고충처리기관을 운영하여야 하는데, 「근로자 참여법」상 노사협의회의 고충처리위원이 이 임무를 수행할 수 있습니다.

1) 직장 내 성희롱의 발생 시 사업자의 대처

누구든지 직장 내 성희롱에 대해 그 사실을 사업자에게 신고할 수 있는바, 사업자는 신고를 받거나 직장 내 성희롱 사실을 알게 된 경우에는 그 사실 확인을 위한 조사를 하여야 합니다.

직장 내 성희롱과 관련해 피해를 본 근로자 또는 피해를 보았다고 주장하는 근로자(이하 '피해근로자')가 조사과정에서 성적 수치심을 느끼지 않도록 유의하여야 합니다. 사업자에게 보고하거나 관계 기관의 요청에 따라 필요한 정보를 제공하는 경우를 제외하고는 직장 내 성희롱 발생

사실을 조사한 사람, 조사 내용을 보고 받은 사람 또는 그 밖에 조사과정에 참여한 사람은 해당 조사과정에서 알게 된 비밀을 피해근로자 등의 의사에 반하여 다른 사람에게 누설하여서는 안 됩니다.

피해근로자를 보호하기 위해 근무 장소의 변경, 유급휴가 명령 등 적절한 조처를 하여야 하고, 피해근로자의 의사에 반하는 조치를 하는 것은 금지됩니다.

조사결과 직장 내 성희롱이 확인되면 피해근로자가 요청하는 바에 따라 근무 장소 변경, 배치전환, 유급휴가 명령 등 적절한 조처를 하여야 하고, 직장 내 성희롱을 한 행위자에 대해 징계, 근무 장소의 변경 등을 하여야 합니다. 또한 사업자는 직장 내 성희롱을 한 행위자에 대해 징계를 함에 있어 피해근로자의 의견을 들어야 합니다.

마지막으로 직장 내 성희롱 발생 사실을 신고한 근로자나 피해근로자 등에게 파면, 해임, 해고, 징계, 정직, 감봉, 직무 미부여, 직무 재배치 등 본인의 의사에 반하는 인사조치를 포함한 불리한 처우를 하여서는 안됩니다.

2) 고객 등에 의한 성희롱 발생 시 사업자의 대처

고객은 사업자의 근로자가 아니므로 징계할 수 없습니다. 따라서 고객 등 업무와 밀접한 관련이 있는 자가 업무수행 과정에서 성적인 언동 등을 하여 근로자에게 성적 굴욕감 또는 혐오감을 느끼게 하여 근로자가 이로 인한 고충 해소를 요청할 경우 사업자는 근무 장소 변경, 배치전환, 유급휴가의 명령 등을 하여야 합니다.

↗ 근로관계의 종료

사용자와 근로자의 근로관계가 종료되는 것은 크게 당연 종료, 사직, 합의해지 및 해고로 구분할 수 있습니다.

당연 종료는 사용자 및 근로자의 의사와 관계없이 근로관계가 종료되는 것으로 근로자의 사망, 사용자 사업장의 소멸, 기간제 근로자의 계약기간만료, 근로자의 정년 도달 등이 이에 해당합니다.

사직은 근로자의 일방적 의사에 의해 근로관계가 종료되는 것으로, 사직서 제출이 가장 대표적입니다.

합의해지는 어느 일방이 근로관계 종료에 대해 의사표시를 하고 상대방이 이를 승인하여 근로관계가 종료되는 것으로 명예퇴직, 희망퇴직 등이 이에 해당합니다.

해고는 사용자의 일방적 의사에 근로관계가 종료되거나 사용자의 경영상 부득이한 사유에 의해 근로관계가 종료되는 것으로 일반해고, 징계해고 및 경영상 이유에 의한 해고가 있습니다.

근로관계 종료에는 여러 가지가 있으나 「근로기준법」은 '해고'에 대해서만 규정하고 있으므로 당연 종료, 사직, 합의해지는 「근로기준법」이 적용되지 않습니다. 이에 실무에서는 '해고'냐 '합의해지'냐가 항상 문제가 됩니다. "우리 직장과는 맞지 않는 것 같아요. 이번 달 말까지 근무해주세요"라는 사업장의 요구에 "네"라고 직원이 대답한 것을 두고 사업장은 '합의해지'라고 주장하고, 직원은 '해고'라고 받아들이기 때문입니다. 고용노동부는 위 사례를 99.9% 해고로 보기 때문에 근로자와의 근로관계 종료 시에는 공인노무사와의 자문을 권합니다.

↗ 근로자의 퇴사 1개월 전 사직 의사표시의 의미

퇴사하기 1개월 전에 사직 의사를 표시하고 인수인계를 하도록 근로계약서나 취업규칙에 정한 경우가 많습니다. 「근로기준법」은 사용자의 해고에 대해서만 법적 제한을 두고 근로자의 사직에 대해서는 정하고 있지 않으므로, 사용자의 근로계약 통지는 「근로기준법」을 적용받고 근로자의 근로계약 통지는 「민법」을 적용받습니다.

1) 근로자가 1개월 전에 사직 의사를 표시하지 않은 경우

퇴사하기 1개월 전에 사직 의사를 표시하여야 한다는 규정을 두고 있는 경우 근로자에게만 위 규정이 적용되는데, 위 규정을 준수하지 않고 퇴사하는 근로자는 어떤 불이익이 있을까요?

사실상 및 법률상 어떠한 불이익도 없습니다. 1개월 전에 사직 의사를 표하지 않은 것은 「민법」상 계약위반이지만, 사용자는 「근로기준법」에 따라 근로자의 의사에 반하여 강제근로를 시킬 수 없기 때문입니다.

2) 인수인계를 하지 않고 퇴사하는 경우

근로자가 인수인계를 하지 않고 퇴사하려는데 근로 명령을 하는 것 역시 「근로기준법」상 강제근로 금지에 저촉될 위험이 있습니다. 또한, 사용자가 인수인계하지 않는 것을 이유로 임금이나 퇴직금을 지급하지 않는다면 금품청산 위반으로 3년 이하의 징역 또는 3천만 원 이하의 벌금을 물릴 수 있습니다.

3) 근로계약 위반으로 사용자의 손해가 발생한 경우

근로자가 「민법」상 계약위반으로 인해 사용자의 손해가 발생했다면 사용자는 손해배상을 청구할 수 있습니다. 그러나 1개월 전에 사직 의사를 표명하지 않았다거나 인수인계를 하지 않았다는 그 자체로 사용자가 근로자에게 손해배상을 청구할 수 있는 것은 아니라서 일반적으로 근로자에게 손해배상을 청구하는 것은 어렵습니다.

4) 근로계약 위반 시 손해배상액을 예정하는 경우

근로계약 위반할 경우를 대비하여 손해배상액을 예정하거나 위약금을 약정하는 것은 「근로기준법」상 위약예정이므로 허용되지 않습니다.

해고예고

사용자가 근로자를 해고하기 위해서는 해고예고를 하거나 해고예고수당을 주어야 합니다.

해고예고를 하면 30일분의 통상임금인 해고예고수당을 지급하지 않아도 됩니다. 해고예고는 해고일 30일 전에 미리 해고 사실을 근로자에게 알리는 것인데, 해고예고의 방법에 제한은 없으므로 말로 하거나 서면으로 하거나 문자나 메일 등 어떠한 방법으로 하여도 해고예고로 봅니다.

다만, 해고예고는 반드시 '해고일 30일 전에' 하여야 하는바, 사용자가 해고예고를 하더라도 "이번 달 말까지 근무해주세요."와 같이 '30일'을 준수하지 못했다면 해고예고수당으로 지급하여야 합니다.

그러나 계속 근로한 기간이 3개월 미만인 경우 등 일정한 경우에는 해고예고를 하지 않거나 해고예고수당을 지급하지 않더라도 위법하지 않습니다.

해고예고와 해고예고수당이 선택적인 조항인데 반해 '해고'는 반드시 종이로 된 문서에 해야 합니다. 해고 사유와 해고시기를 서면으로 하지 않으면 그 자체로 '부당해고'입니다. 부당해고가 되면 해고일로부터 복직하기 전까지 계속해서 임금이 발생하므로 부당해고가 되지 않도록 해고는 무조건 종이에 써야 합니다.

08 각종 고용 지원정책 알뜰히 챙기자!

매년 치솟는 실업률을 잡고자 정부에서는 많은 고용 지원정책을 펼치고 있습니다. 이 중 사업자가 다양한 고용지원책을 알아두면 실질적인 금전 도움을 받으므로 고용에 대한 부담을 조금이나마 줄일 수 있습니다.

주의할 점은 매년 지원정책이 신설 · 변경 · 폐쇄되기 때문에 매년 바뀌는 지원정책을 틈틈이 뉴스 등을 통해 접하면서 챙겨야 하고, 권고사직 등 사업자의 인위적인 구조조정으로 근로자를 퇴사시킨다면 회사는 고용촉진지원금과 일자리안정자금 지원금이 끊기게 될 수 있습니다.

두루누리 사회보험료 지원

소규모 사업을 운영하는 사업자와 소속 근로자의 사회보험료(고용보험 · 국민연금)의 일부를 국가에서 지원함으로써 사회보험 가입에 따른 부담을 덜어주고, 사회보험 사각지대를 해소하기 위한 사업입니다.

1) 지원대상

근로자 수가 10명 미만인 사업에 고용된 근로자 중 월평균보수가 220만 원 미만인 신규가입 근로자와 그 사업자, 2021년부터는 신규가입자에 대해서만 지원(신규가입자: 지원신청일 직전 1년간 고용보험과 국민연금 자격취득 이력이 없는 근로자)

2) 지원수준 및 지원기간

- 지원수준: 신규가입 근로자 및 사업자가 부담하는 고용보험과 국민연금 보험료의 80%
- 지원기간: 2018년 1월 1일부터 신규가입자 및 기가입자 지원을 합산하여 36개월까지만 지원(기가입자는 '18. 1. 1. 이후 지원받은 개월 수가 36개월 미만이라도 '21. 1. 1.부터 지원되지 않음)

3) 지원 제외대상

지원대상에 해당하는 근로자가 아래의 어느 하나라도 해당되는 경우에는 지원 제외됩니다.

① 지원신청일이 속한 보험연도의 전년도 재산의 과세표준액 합계가 6억 원 이상인 자

② 지원신청일이 속한 보험연도의 전년도(소득자료 입수시기에 따라 보험연도의 전년도 또는 전전년도) 종합소득이 3,800만 원 이상인 자

4) 보험료 지원방법

두루누리 사회보험료 지원을 신청하면 사업자가 월별보험료를 법정기한 내에 납부하였는지를 확인하여 완납한 경우 그 다음 달 보험료에서 해당 월의 보험료 지원금을 뺀 나머지 금액을 고지하는 방법으로 지원하고 있습니다.

두루누리 사회보험료의 경우 지원신청일이 속한 달의 고용보험료부터 해당 보험연도 말까지 지원하되, 보험연도 말 현재 고용보험료 지원을 받고 있고 그 보험연도 중 보험료 지원기간의 월평균 근로자인 피보험자 수가 10명 미만인 경우에는 다음 보험연도에 별도로 신청하지 않더라도 계속 지원을 받을 수 있습니다.

다만, 고용보험료의 경우 사업자가 보수총액신고 또는 피보험자격 취득신고를 법정기한 내에 하지 않은 경우에는 그 신고를 이행한 날이 속한 달의 고용보험료부터 지원하고, 지원대상이 되는 근로자인 피보험자가 일용근로자인 경우에는 사업자가 법정기한 내에 제출한 달의 '근로내용 확인신고서'에 기재된 사람에 대한 월별보험료만을 지원합니다.

↗ 일자리 안정자금

최저임금 인상에 따른 소상공인 및 영세중소기업의 경영부담을 완화하고 노동자의 고용불안을 해소하기 위한 지원 사업입니다.

1) 지원대상

- 사업자가 지급을 희망하는 월을 기준으로 직전 3개월간 매월 말일 평균 노동자 수(해당 사업(주)의 상용, 임시, 일용 등 모든 노동자를 포함[단, 사업자와의 특수관계인(배우자 · 직계존비속) 제외])가 30인 미만인 경우
- 산정단위는 고용보험 적용단위와 동일하게 원칙적으로 노동자를 고용 · 관리하고 있는 '본사' 단위로 산정
- 지원요건 충족을 위해 노동자를 인위적으로 감원하여 30인 미만이 된 경우는 지원 제외
- 최초 신청 후 지원요건을 충족하여 지급 결정이 된 이후에는 노동자 수가 증가하더라도 최대 29인까지는 계속 지원
- 30인 미만 사업(주)라도 사업목적에 부합하지 않는 다음의 경우는 지원 제외
  ① 과세소득 3억 원을 초과하는 고소득 사업자(개인사업자는 '사업소득금액', 법인은 '당기순이익')
  ② 임금체불로 명단이 공개 중인 사업자
  ③ 국가 등으로부터 인건비 재정지원을 받고 있는 사업자 또는 근로자

2) 지원요건

- 21년 월 보수액 219만 원 이하 노동자를 고용한 사업자(21년 최저임금 월 환산액(1,822,480원)의 120% 수준으로 보수 상한 설정). 보수액은 비과세 소득인 월 10만 원 이하 식대, 실비변상적 금품

등을 제외하고 노동자에게 지급된 모든 보수의 총액

- 일용노동자는 1일 8시간 기준 100,500원 이하(시간급 8,720원 이상)
- 단시간(시간제) 노동자의 경우에는 소정근로시간에 비례하여 월 보수액이 최저임금 100~120% 범위 내인 경우 지원
- 상용노동자 및 단시간노동자는 신청일 현재 고용 중이고, 이전 1개월 이상 고용이 유지된 경우 지원, 일용노동자는 신청일 이전 1개월(매월 초일~말일) 동안 10일 이상 실근무한 경우 1개월 이상 고용 유지한 것으로 간주, 이미 퇴사한 노동자에 대해서는 지원하지 않음.
- 최저임금 상승으로 경영상 어려움을 겪는 소상공인 · 중소기업에 대한 지원이므로 지원받는 사업자는 최저임금 준수, 고용보험 가입대상자는 고용보험에 가입하여야 지원, 법률상 고용보험 적용 대상이 아닌 경우에는 가입하지 않아도 지원
- 기존 노동자는 최소한 전년도 보수수준 유지하되, 고용조정이 불가피할 경우 고용조정 없이 노동자 대표와의 서면합의 등을 통해 임금 수준을 감소하는 등 합리적이고 정당한 사유가 있는 경우 예외적 인정
- 사업자는 안정자금 지원받는 기간 동안에는 '고용조정'으로 안정자금 지원대상 노동자를 퇴직시켜서는 안 되며, 불가피한 경우에는 이를 소명하여야 함.
- 사업자와 배우자, 사업자 직계존비속은 지원에서 제외

3) 지원금액

- 월 보수 219만 원 이하 상용노동자: 5인 미만 사업장 1인당 월 최대 7만 원, 5인 이상 사업장 1인당 월 최대 5만 원, 월중 입·퇴사·휴직한 경우 근무일수에 비례하여 지급
- 단시간 노동자(소정근로시간 주 40시간 미만): 다음 표에 따라 근로시간에 비례하여 지급

소정근로시간(주 단위)	월 지급액
30시간 이상~40시간 미만	40,000원
20시간 이상~30시간 미만	30,000원
10시간 이상~20시간 미만	20,000원
10시간 미만	미지원

청년 추가고용 장려금

양질의 청년 일자리 창출을 위하여 미취업 청년을 정규직으로 추가고용한 중소·중견기업을 대상으로 청년(만 15세 이상 34세 이하)을 정규직으로 신규 채용한 5인 이상 중소·중견기업으로, 채용한 청년 1명당 연 최대 900만 원씩, 3년간 인건비를 지원받을 수 있는 사업입니다.

청년(만 15세 이상 34세 이하)을 정규직으로 신규 채용한 5인 이상 중소·중견기업(성장유망업종, 벤처기업 등은 5인 미만도 가능)으로, 다음 두 가지 요건을 충족해야 합니다.

1) 청년 정규직 신규 채용

기업 규모에 따라 다음과 같이 청년을 정규직으로 신규 채용하여야 합니다.

기업규모별 청년 최저고용 요건

기업 규모	청년 신규 채용
30인 미만	1명 이상
30~99인 미만	2명 이상
100인 이상	3명 이상

* 기업 규모는 전년 연평균 기준 고용보험 피보험자수로 산정하며, 2020년 신규 성립 사업장의 경우 보험관계성립일이 속한 달의 말일 기준 피보험자수로 산정합니다.

2) 기업전체 근로자수 증가

'기업 규모별 청년 최저고용 요건' 이상 청년을 추가 채용하고, 전년 연평균 기준 피보험자수보다 기업 전체 근로자수(피보험자수)가 증가해야 합니다.

3) 사업 규모

2021년 신규 9만 명 지원하며, 최소고용유지기간(6개월)을 충족한 '20년 1월부터 12월까지 채용자에 대해 우선 지원합니다. 2021년 예산상 신규지원 인원 9만 명이 달성되거나 예산이 소진될 경우 사업이 연도 중 조기에 마감될 수 있습니다.

4) 지원한도

기업당 최대 30명까지 지원하며, 청년 추가채용 1명당 연 최대 900만 원을 3년간 지원합니다. 최초 지원대상 청년을 채용한 날부터 기업당 3년간 지원하며, 추가채용 청년 근로자마다 각각 3년간 지원하는 것은 아닙니다.

청년내일채움공제

미취업 청년(만 15세 이상 34세 이하)의 중소·중견기업 유입을 촉진하고, 청년 근로자의 장기근속과 자산 형성을 지원하기 위해 2016년 7월부터 시행하고 있는 제도입니다. 5인 이상 중소·중견기업(3년 평균 매출액 3천억 원 미만인 기업)에 취업한 청년이 2년간 300만 원을 적립하면, 정부가 600만 원, 기업이 300만 원을 공동 적립하여 만기 시 1,200만 원의 목돈을 마련할 수 있게 도와줍니다.

1) 청년 입장

청년 본인이 2년간 300만 원(매월 12만 5천 원)을 적립하면 정부(취업지원금 600만 원)와 기업(기업기여금 300만 원)이 공동 적립합니다. 2년 후 만기공제금 1,200만 원과 함께 이자를 수령할 수 있습니다.

이를 통해 청년은 최소 2년 이상 동일 사업장에서 근무하면서 실질적 경력 형성의 기회를 가질 수 있으며, 본인 납입금 대비 5배 이상을 수령하여 미래설계의 기반을 마련할 수 있습니다. 만기 후 중소벤처기업부의 내일채움공제(3~5년)로 재가입 또는 연장 가입 시 장기적인 목돈마련도 가능합니다.

2) 기업 입장

2년간 채용유지지원금 300만 원을 지원(청년의 장기근속 지원을 위해 '기업기여금'으로 적립)하며, '인재육성형 전용자금' 지원 대상으로 편입 등 중소벤처기업부 40여 개 사업 참여 시 혜택을 받을 수 있습니다. 이를 통해 잦은 이직으로 인해 인력난이 심한 중소기업은 우수인력을 고용 유지할 수 있는 기회가 됩니다.

tip 1인 사업자도 지원받을 수 있는 고용보험료 지원사업

직원이 없는 1인 자영업자도 고용보험료를 지원받을 수 있습니다. 「고용산재보험료 징수법」 제49조의2 제1항에 따른 자영업자 고용보험에 가입한 1인 소상공인 중 기준보수가 1~7등급인 자영업자는 자영업자 고용보험료 납부보험료 일부(20~50%)를 최대 5년간 지원받을 수 있습니다.

여기서 1인 소상공인은 고용보험료 지원 신청 직전 달 말일 기준으로 근로자를 사용하지 아니하는 소상공인이어야 하고, 기준보수는 보험료 부과 및 실업급여 지급의 기초가 되는 보수를 말합니다.

PART 4

부가가치세 지식

01 부가가치세는 내 돈이 아니다

↗ 부가가치세, 왜 내 돈이 아니죠?

부가가치란 사업자가 생산과정 또는 유통과정을 통하여 창출한 가치의 증가분을 말하며, 부가가치세는 거래단계별로 재화나 용역에 생성되는 부가가치에 부과되는 간접 조세를 말합니다. 최종소비자가 일일이 물건을 구입하면서 부가가치세를 납부한다는 것은 어렵습니다. 그러므로 소비자에게 '직접' 납부의무를 부여하는 것이 아니라 판매자를 통해 '간접'적으로 납부한다는 의미로 부가가치세는 간접세입니다. 현재 우리나라는 재화 및 용역의 최종가격에 10%의 부가가치세가 과세되고 있습니다.

아직도 많은 사업자가 부가가치세 납부에 대해서 아까워하고 있습니다. 본인에게 입금되는 자금이 전부 내 돈이 아니라는 것을 받아들이기가 쉽지는 않을 수 있습니다만, 항상 잊지 않아야 하는 점은 부가가치세는 사업자의 돈이 아닙니다.

일시적으로 매출분의 10%를 간접세인 부가가치세로 미리 받아놓은 것으로써 추후 신고기한마다 국가에 신고를 통해 납부하여야 함을 잊지 말고, 사업장의 자금 운용 시 부가가치세 신고기한에 납부할 일부 세액을 꼭 남겨두는 것이 좋습니다.

사업자등록 전 확인하는 과세와 면세의 차이

부가가치세 계산 예시

사업자	A	B	C(과세 가정)	C(면세 가정)
부가가치	1,000	200	300	300
과세표준	1,000	1,200	1,500	–
매출세액 (과세표준의 10%)	100	120	150	–
매입세액	–	(–) 100	(–) 120	–
납부세액	100	20	30	–

C(과세) 입장에서 C는 1,200에 B로부터 구입하여 매입세액을 120 받고, 1,500에 최종소비자에게 제공하여 부가가치를 창출한 상황입니다.

1) 각 사업자가 창출한 부가가치의 누적액
 : A 1,000 + B 200 + C 300 = 1,500

1,500이 「부가가치세법」상 C의 과세표준이고, 이는 C가 창출한 부가가치총액인 300이 아닌 C까지 창출된 부가가치의 누적액입니다. 즉, 「부가가치세법」상 과세표준(공급가액)은 해당 거래단계까지 창출되어 누적된 부가가치의 총액을 말합니다.

2) C가 과세사업자일 경우의 부가가치세

총 부가가치인 1,500(누적된 부가가치의 총액)의 10%인 150이 매출세액이 되며, B로부터 매입한 1,200의 10%인 120의 매입세액이 차감되면서 차액인 30이 최종 납부세액이 됩니다. 이는 결국 C가 창출한 부가가치인 300의 10%인 30과 같은 금액이 됩니다.

3) C가 면세사업자일 경우의 부가가치세

면세사업자는 부가가치를 창출하더라도 면세라는 제도의 목적상 부가가치에 대한 세금을 부과하지 않습니다. 그러므로 부가가치의 10%에 대해서 부가가치세가 과세되지 않습니다. 세금이 과세되지 않는다고 하여 마냥 좋다고만 할 수 없는 것이 개업 초기에 투입되었던 각종 경비 지출 시 과세사업자에게 지출하였던 부가가치세의 매입세액을 전부 공제받지 못하여 사업 초반 자금이 많이 필요한 시기에 부가가치세 환급을 전혀 받지 못하게 됩니다.

그러나 지출되어서 환급되지 않는 부가가치세는 면세사업자의 사업소득 계산 시 전액 필요경비로 인정되기 때문에 환급을 받지 못하였다고 하더라도 무작정 손해가 되는 것은 아닙니다.

↗ 면세란?

'면세'란 일정한 재화 또는 용역의 공급에 대하여 부가가치세의 납세의무를 예외적으로 면제하는 제도를 말합니다. 따라서 부가가치세의 부담이 완전히 제거되지 않기 때문에 부분 면세라고도 합니다.

「부가가치세법」상 면세대상은 법에 열거된 재화 또는 용역에 한하므로 실무상 어떤 재화 또는 용역의 공급이 과세대상인지 면세대상인지를 판정할 때에는 법에 열거된 면세 재화 또는 용역에 정확하게 부합되는 경우에만 면세로 판정하고, 기타의 것은 모두 과세대상으로 보면 되는 것입니다. 그래서 본인이 면세사업자로 사업자등록을 하고자 하여도 법에 열거된 면세 재화 또는 용역을 공급하는 것이 아니라면 면세사업자로 사업을 시작할 수 없습니다.

면세사업의 주 항목으로는 기초생활필수품 및 용역, 국민 후생용역, 문화 관련 재화 · 용역, 부가가치 생산요소인 재화 · 용역 등이 있으며, 주 업종으로는 병 · 의원, 학원, 주택임대사업 등이 있습니다.

면세의 취지는 세 부담의 역진성 완화 및 조세 정책적인 고려 등입니다. 부가가치세 10%로 인해서 기초생활필수품이나 의료보건용역 등의 이용에 제한이 된다면 이는 빈자가 부자보다 수입대비 더 많은 비율의 세금을 낼 수 있으므로 이를 완화하기 위한 취지입니다.

면세업종 중 대표적인 병원을 개업하면서 면세사업자로 등록하기 전 고려사항이 한 가지 있습니다. 바로 부대사업을 할 것인지 여부입니다. 예를 들어 피부과의 치료 비누 또는 화장품 판매, 병원 내 건강기능식품 판매, 한의원의 미용 목적 환 판매 등의 부대사업이 발생한다면 이는 부가가치가 과세되는 사업을 부대사업으로 하게 되는 것입니다.

이때에는 처방전에 따라 제공되는 재화나 용역은 부가가치세가 면제될 수 있지만, 처방전 없이 별개로 공급되는 미용 · 성형목적의 제품 판매 등은 부가가치세가 과세되므로 두 가지 방향으로 사업자등록을 고민하여야 합니다.

① 별도의 사업장을 만들어야 하는 경우라면 별도의 부대사업을 위한 일반 과세사업자를 하나 더 사업자등록 한다.

② 별도의 사업장까지 둘 필요가 없다면 면세와 과세 두 가지를 아우르는 겸업 사업자로 일반과세자 사업자등록을 한다.

02 부가가치세 조기 환급으로 자금을 융통하자

부가가치세 환급은 매출세액보다 매입세액이 많은 경우에 받을 수 있습니다. 환급의 방식은 일반 환급과 조기 환급이 있습니다.

일반 환급신고는 매 반기마다 하는 부가가치세 확정 신고 기한에 신고하면 신고 후 30일 이내에 환급이 됩니다. 예정신고 기간에 환급이 발생될 것으로 계산이 되더라도 환급이 되지 않고 확정 신고 시에 최종적으로 확정 및 환급이 되기 때문에 그 환급시기가 늦어져 사업장 운영에 있어서 자금순환의 어려움을 겪을 수 있습니다.

이를 보완한 제도가 조기 환급제도입니다. 조기 환급신고는 예정신고 또는 확정신고 기간별로 할 수도 있고, 매월 또는 두 달 단위로 신고할 수도 있어서 그 환급시기를 빠르게 앞당길 수 있습니다. 또한 신고 후 15일 이내에 환급받을 수 있기 때문에 자금순환의 이득을 가져갈 수 있습니다.

그러나 조기 환급은 환급 가능한 경우가 다음의 3가지로 정해져 있습니다.

① 사업 설비를 신설 · 취득 · 확장 · 증축하는 경우
② 재무 구조 개선 계획을 이행 중인 경우
③ 수출 등으로 영세율이 적용되는 경우

대부분 사업 초기에 인테리어 등 사업을 위한 설비를 신설 및 취득하기 위해 거액의 자금을 지출하지만 매출은 높지 않아 자금 융통을 위해서 조기 환급을 신고하는 경우가 많으며, 중간에 사업의 확장을 위해 설비 확장을 한 경우에도 조기 환급을 신고하여 자금 융통을 원활히 하고 있습니다.

가끔 환급액을 더 받기 위해서 매출액 및 매입액을 조작하여 환급 신고를 하는 경우가 있는데 모든 환급신고는 사업장의 규모와 환급액에 상관없이 환급신고에 대한 적정성 여부를 꼼꼼히 확인하고, 경우에 따라서는 현장 방문을 통한 조사 및 소명 요청이 이뤄질 수 있습니다. 그러므로 절대 과대 환급신고하지 않도록 주의해야 합니다.

부가가치세를 환급받은 후 끝이 아닙니다. 건물 · 구축물에 대한 환급은 10년간, 그 밖의 자산에 대한 환급은 2년간 일반과세자를 유지해야 하는 일종의 사후관리가 필요합니다. 이 기간 이내에 폐업, 간이과세자 변경, 면세전용 등을 한다면 환급받은 금액 중 일부를 재계산하여 다시 납부해야 합니다.

다만, 폐업이 제3자에게 사업의 포괄적 양수도를 통해 모든 권리와 의무를 승계하여 발생한 것이라면 부가가치세 계산을 새로 하지 않게 되므로 환급의무가 발생하지 않습니다. 또한 공급대가가 8,000만 원 미만이 되면 간이과세자로 과세 유형이 전환되지만, 사업자가 간이과세

포기 신청을 한다면 공급대가에 상관없이 신청 후 3년간 일반과세자로 계속 유지가 가능하고, 일반과세자를 계속 유지한다면 환급금액을 다시 돌려주지 않아도 됩니다.

03 간이과세자는 정말 유리할까?

↗ 간이과세자와 일반과세자 구분

사업자 등록 시 간이과세자 등록을 할 수 없는 업종을 제외하고, 일반 사업자는 일반과세자와 간이과세자 중 선택을 하게 됩니다. 사업자는 간이과세자에 대해서 찾아보니 부가가치세를 훨씬 더 적게 낸다는 말에 솔깃하여 간이과세자로 사업자등록을 하는 경우가 있습니다. 그렇다면 사업자등록 시 어떤 과세형태로 등록하는 것이 본인에게 더 유리할까요? 간이과세자와 일반과세자에 대하여 알아보겠습니다.

구분	간이과세자	일반과세자
매출기준	연 공급대가* 8,000만 원 미만	연 공급대가 8,000만 원 이상
매출세액 계산	공급가액×업종부가가치율**×10%	공급가액×10%
매입세액 공제	매입세액×업종부가가치율*	전액
부가가치세 환급	불가능	가능
의제매입세액 공제	-2021.7.1. 이전 매입분: 음식점업 및 제조업만 가능	면세물품 거래 업종

구분	간이과세자	일반과세자
	-2021.7.1. 이후 매입분: 의제매입세액 적용불가	
배제업종	있음	없음
세금계산서 발급 (2021.7.1. 이후 간이과세자)	-신규사업자 및 공급대가 4,800만 원 미만은 영수증 발급 -공급대가 4,800~8,000만 원 간이과세자는 세금계산서 발급(영수증 발급도 가능)	세금계산서 발급
납부의무 면제	1년 공급대가 4,800만 원 미만인 경우	면제 적용 없음

* 공급대가는 공급가액에서 10%의 부가가치세를 더한 금액
** 간이과세자의 업종부가가치율

<table>
<tr><th>구분</th><th>부가가치율
(21.7.1. 이전)</th><th>구분</th><th>부가가치율
(21.7.1. 이후)</th></tr>
<tr><td>1. 전기 · 가스 · 증기 · 수도사업</td><td>5%</td><td>1. 소매업, 재생용 재료수집 및 판매업, 음식점업</td><td>15%</td></tr>
<tr><td>2. 소매 · 재생용 재료 수집판매 · 음식점업</td><td>10%</td><td>2. 제조업, 농업 · 임업 및 어업, 소화물 전문 운송업</td><td>20%</td></tr>
<tr><td rowspan="2">3. 제조 · 숙박 · 운수 · 통신 · 농임어업</td><td rowspan="2">20%</td><td>3. 숙박업</td><td>25%</td></tr>
<tr><td>4. 건설업, 그 밖의 운수업, 창고업, 정보통신업, 그 밖의 서비스업</td><td>30%</td></tr>
<tr><td>4. 건설 · 부동산 임대업 · 그 밖의 서비스업</td><td>30%</td><td>5. 금융 및 보험 관련 서비스업, 전문 · 과학 및 기술 서비스업 (인물사진 및 행사용 영상 촬영업 제외), 사업시설관리 · 사업지원 및 임대 서비스업, 부동산 관련 서비스업, 부동산임대업</td><td>40%</td></tr>
</table>

↗ 간이과세자 등록 불가능한 사업자

간이과세자의 선택이 적합한지 여부는 사업의 형태, 규모에 따라 달라집니다. 그러면 간이과세자로 등록할 수 없는 경우부터 살펴보겠습니다.

1) 연 공급대가 기준

간이과세자는 연 공급대가 8,000만 원 미만의 사업자만 부가가치세 세제 혜택을 받을 수 있습니다. 신규 사업자와 사업 실적이 영세한 사업자에게 납세 편의를 돕고 조세 행정 비용을 줄이기 위해 도입된 제도이기 때문입니다.

2) 간이과세 배제업종

세법에서 정하고 있는 다음의 예시 업종은 간이과세자로 등록 자체를 할 수 없습니다. 이 밖에도 간이과세가 적용되지 아니하는 다른 사업장을 보유하고 있는 사업자와 같이 간이과세자로 등록이 불가능한 사업자도 있으니, 미리 간이과세자 등록 가능 여부를 확인해보는 것이 필요합니다.

간이과세 배제업종

- 광업
- 제조업. 다만, 주로 최종소비자에게 직접 재화를 공급하는 사업으로서 다음의 것은 제외한다(과자점업, 도정업과 제분업 및 떡류 제조업 중 떡방앗간, 양복점업, 양장점업, 양화점업, 그 밖에 자기가 공급하는 재화의 50% 이상을 최종소비자에게 공급하는 사업으로서 국세청장이 정하는 것).
- 도매업(소매업을 겸영하는 경우를 포함하되, 재생용 재료수집 및 판매업은 제외) 및 상품중개업
- 부동산매매업
- 변호사업, 심판변론인업, 변리사업, 법무사업, 공인회계사업, 세무사업, 경영지도사업, 기술지도사업, 감정평가사업, 손해사정인업, 통관업, 기술사업, 건축사업, 도선사업, 측량사업, 공인노무사업, 의사업, 한의사업, 약사업, 한약사업, 수의사업과 그 밖에 이와 유사한 사업서비스업으로서 기획재정부령으로 정하는 것
- 일반과세자로부터 양수한 사업
- 전기 · 가스 · 증기 및 수도 사업
- 건설업. 다만, 주로 최종소비자에게 직접 재화 또는 용역을 공급하는 사업으로서 기획재정부령으로 정하는 것은 제외
- 전문, 과학 및 기술서비스업과 사업시설 관리, 사업지원 및 임대 서비스업. 다만, 주로 최종소비자에게 직접 용역을 공급하는 사업으로서 기획재정부령으로 정하는 것은 제외
- 부동산임대업
- 둘 이상의 사업장이 있는 사업자로서 그 둘 이상의 사업장의 직전연도의 공급대가의 합계액이 8,000만 원 이상인 사업자
- 이외에도 서울특별시, 광역시 및 수도권 지역에서 초기 투자비용이 크거나 고가품 · 전문품 취급, 주로 사업자와 거래하는 업종, 1회 거래가액이 큰 품목 취급, 기타 신종 호황업종 등은 법에 의해 간이과세자로 등록할 수 없음.

↗ 간이과세자의 장·단점

간이과세자가 된다면 어떤 점이 유리할까요? 가장 큰 장점은 부가가치세율입니다. 일반과세자는 모든 업종에 동일하게 공급가액인 매출의 10%가 부가가치세율로 적용됩니다. 그러나 간이과세자는 업종에 따라 5~30%의 업종 부가가치율(21. 7. 1. 이후는 15~40%의 업종 부가가치율)을 한 번 더 곱하여 일반과세자에 비해 상당히 낮은 부가가치세 납세의무를 질뿐입니다.

여기에 더해 연간 공급대가가 4,800만 원 미만인 경우에는 부가가치세 납세 의무조차도 면제가 되니, 연 매출이 클 것으로 예측되지 않는다면 간이과세자는 사업자의 부가가치세 부담을 줄이는데 큰 기여를 할 것입니다.

그러나 간이과세자는 부가가치세 환급을 받을 수 없으므로 사업 초기에 많은 사업 설비투자를 하였어도 투자비용에 따른 환급금을 돌려받을 수 없습니다. 그러므로 본인의 사업 초기 투자비용이 적고 연간 공급대가도 8,000만 원 미만이 될 것이라고 예측된다면 간이과세자로 사업을 시작하는 것이 좋습니다. 그러나 사업 초기비용의 환급 예상액이 본인의 사업 매출 상승으로 일반과세자가 될 시기까지 간이과세자로서 절세되는 부가가치세액보다 크다면 사업 초기에 일반과세자로 사업자등록을 하는 것이 유리하게 됩니다.

만일 사업의 호황으로 연 공급대가가 8,000만 원 이상이 된다면 자동으로 간이과세자에서 일반과세자로 자동 사업자 전환이 일어나게 됩니다. 이때 대부분의 사업자는 앞으로 부가가치세를 더 많이 내게 될 것만 예상하는데, 고려해야 할 사항이 하나 더 있습니다. 바로 간이

과세자일 때 매입하며 환급받지 못했던 부가가치세를 일반과세자가 되면서 공제받을 수 있는 재고매입세액공제를 적용받을 수 있다는 점입니다.

재고매입세액공제는 모든 매입에 대해서 적용받을 수 있는 것이 아니고, 매입했던 재고품, 건설중인 자산, 감가상각자산에 대해서만 세법에 따른 일정 요율을 곱하여 계산하게 됩니다.

간이과세자는 직접 간이과세자를 포기하는 신청서를 제출하여 일반과세자가 될 수도 있습니다. 간이과세자를 포기하고 일반과세자에 관한 규정을 적용받으려는 경우에는, 그 적용을 받으려는 달의 전달의 마지막 날까지 간이과세포기신고서를 관할 세무서장에게 제출함으로써 간이과세자를 포기할 수 있습니다.

04 면세사업자는 면세사업장 현황신고를 잊지 말자

면세사업장 현황신고가 중요한 이유

부가가치세가 면제되는 업종을 영위하는 개인사업자(해당 과세기간에 사업을 폐업 또는 휴업한 사업자 포함)는 부가가치세 신고 대신에 해당 연도의 총수입금액 등을 기재한 부가가치세 면세사업자 사업장 현황 신고서를 해당 과세기간의 다음 연도 2월 10일까지 사업장 관할 세무서장에게 제출하여야 합니다.

면세사업장 현황신고가 중요한 이유는 면세사업장의 1년간 수입금액을 신고하기 때문입니다. 과세사업자는 정기적인 부가가치세 신고를 통해 매출 신고를 하기 때문에 매출을 쉽게 파악할 수 있지만, 면세사업자의 경우는 부가가치세 신고의무가 없으므로 사업장 현황신고서를 통해서만 매출을 파악하게 되고 이를 통해 매출누락이 밝혀지게 됩니다.

이 중 병원은 국세청장이 업종의 특성 및 세원관리를 위하여 필요하다고 인정하는 사업장이므로 사업장 현황신고 시 수입금액검토표 및 특정 5개병과(성형외과, 안과, 치과, 피부과, 한의원)는 수입금액 검토부표 등 관련 자료도 첨부하여야 합니다. 물론 사업장 현황신고서상에 작성한 매출금액, 비보험수입 진료 환자 수 및 고가의 의료장비 금액 등이 수입금액검토표 및 수입금액검토부표의 수치들과 일치하는지도 살펴보게 됩니다.

최근 국세청 빅데이터 수집을 통한 정보를 기반으로 면세사업자 유형을 6가지로 세분화하여 유형별 안내문을 발송하고 있습니다. 이는 국세청이 보유 자료와 전년도 신고내용을 분석한 자료를 신고 도움자료로 사전 제공하여 자발적 성실신고를 유도하는데 목적이 있습니다.

구분	안내 유형	인원(명)
업종별	주택임대사업자	714,164
	개인과외 교습자, 주택신축판매업자	12,463
기장의무별	복식부기 의무자	146,734
	간편장부 대상자	669,105
신고분석	**신고분석자료 제공자**	**27,267**
합계		1,569,733

면세사업자가 안내문을 받았을 때 혹시 '신고분석자료 제공자' 유형이라면 작년에 면세사업장 현황신고를 잘못 하지는 않았는지 돌이켜봐야 합니다. '신고분석자료 제공자' 유형은 다음의 3가지 중 1가지 이상에 부합하는 상황이거나, 사업구조의 급격한 변화로 안내문이 나온 상황일 것입니다.

1. 비보험 비율이 낮은 의료업자
2. 현금매출 비율이 낮은 면세사업자
3. 종합소득세 신고 대비 사업장 현황신고 수입금액 과소신고 면세사업자

면세사업장 현황신고 관련 가산세

면세사업장 현황신고 시 복식부기 의무자가 매출 · 매입처별 계산서 합계표 및 매입처별 세금계산서 합계표 미제출 또는 일부 미기재, 오기재한 경우 공급가액의 0.5%를 가산세로 부과하여야 합니다. 가산세가 부과되는 신고인만큼 정확한 기재가 필요합니다.

그 밖에 의료업, 수의업 및 약사업 사업자가 수입금액을 무신고 또는 과소 신고한 경우에는 수입금액의 0.5%를 가산세로 부과하여야 합니다. 병원의 경우 해당 과세기간의 12월 의료보험 수입이 사업장 현황신고를 신고하는 2월 10일까지 확정되지 않는 경우가 있습니다.

이럴 때 추후 확정된 수입금액이 면세사업장 현황신고서상 금액보다 많다면 종합소득세 신고 기간에 기 면세사업장 현황신고서상 과소 집계된 매출과의 차이를 자진신고하고 이에 따르는 가산세를 신고하여야 합니다.

면세사업장 현황신고 추가 사항

둘 이상의 사업장이 있는 사업자는 사업장별로 사업장 현황신고를 하여야 합니다.

만일 공동으로 사업을 영위하는 경우에는 대표 공동사업자가 해당 공동사업장의 면세사업장 현황신고서를 작성 및 제출하여야 하며, 이때 대표자와 구성원 각각의 면세사업장 현황신고서에 각 지분에 의한 수입금액을 별지로 작성하여 부표로 제출하여야 합니다.

05 음식점은 의제매입세액을 꼭 숙지하자

의제매입세액공제 요건

면세 농·축·수·임산물을 구입하게 되면 매입세액공제를 적용받을 수 없습니다. 그러나 이 재화를 가공하여 과세재화를 제공하게 되면 매출에 따른 부가가치세를 납부해야 합니다. 그러면 해당 사업자는 매입세액공제는 받지 못하면서 매출세액은 전부 납부해야하는 불합리한 상황에 처합니다. 이러한 불합리함을 보완하고자 '의제매입세액공제' 제도가 있습니다. 대표적인 업종으로는 음식점이 있습니다.

의제매입세액 공제요건은 다음 4가지 조건을 충족해야 합니다.

① 사업자 등록된 부가가치세 과세사업자(간이과세자는 음식점과 제조업에 한함. 다만, 21. 7. 1. 이후로 간이과세자는 적용 제외)

② 부가가치세가 면세된 농·축·수·임산물 구입

면세된 농·축·수·임산물 예시

- 1차 가공을 거쳐 본래의 성질이 변하지 않는 것(곡류, 과실류, 채소류,

수육류, 유란류, 생선류, 패류, 해조류, 소금 등)

- 김치 · 단무지 · 장아찌 · 젓갈류 · 두부 · 메주 · 간장 · 된장 · 고추장(제조시설을 갖추고 판매목적으로 독립된 거래단위로 관입 · 병입 기타 이와 유사한 형태로 포장하여 공급하는 것을 제외하되, 단순하게 운반편의를 위하여 일시적으로 관입 · 병입 등의 포장을 하는 경우를 포함)
- 원생산물 본래의 성질이 변하지 아니하는 정도로 1차 가공하는 과정에서 필수적으로 발생하는 부산물
- 미가공식료품을 단순히 혼합한 것

③ 농산물 등을 원재료로 하여 제조 · 가공 또는 용역을 창출

④ 제조 · 가공 또는 용역의 공급이 부가가치세 과세될 것

의제매입세액공제 한도

의제매입세액공제액 한도는 다음과 같습니다.

MIN(① 농 · 축 · 수 · 임산물 당기 매입가액, ② 공제한도액)×공제율

① 의제매입세액 공제율

<table>
<tr><th colspan="4">구분</th><th>공제율</th></tr>
<tr><td rowspan="4">음식점</td><td colspan="3">과세유흥장소 경영자</td><td>2/102</td></tr>
<tr><td rowspan="3">과세유흥장소 외의 음식점</td><td rowspan="2">개인사업자</td><td>연매출 2억 원 이하</td><td>9/109</td></tr>
<tr><td>연매출 2억 원 초과</td><td>8/108</td></tr>
<tr><td colspan="2">법인사업자</td><td>6/106</td></tr>
<tr><td rowspan="2">제조업</td><td rowspan="2">개인사업자</td><td colspan="2">과자점업, 도정업, 제분업 및 떡류 제조업 중 떡방앗간 경영자</td><td>6/106</td></tr>
<tr><td colspan="2">위 외의 제조업 경영자</td><td>4/104</td></tr>
</table>

구분			공제율
	법인사업자	중소기업	4/104
		중소기업 외 사업자	2/102
음식점 및 제조업 외의 사업			2/102

② 의제매입세액 공제한도

구분		한도율	
		음식점업	기타업종
개인사업자	과세표준 1억 원 이하	65%	55%
	과세표준 1억 원~2억 원	60%	
	과세표준 2억 원 초과	50%	45%
법인사업자		40%	

예를 들어 과세표준이 3억 원 이상인 음식점을 운영하는 개인사업자가 육류를 1월부터 6월까지 1억 원 구입했다고 가정하면, 의제매입세액 공제액은 다음과 같이 약 740만 원 정도 적용받습니다.

> Min(① 1억 원, ② 공제한도[50%]: 3억 원×50% = 1억 5천만 원) × 8/108 = 약 740만 원

음식업을 운영하는 사업자가 농산물 등을 구입하는 금액에 대해서 매입세액공제를 적용받기 위해서는 계산서나 신용카드매출전표 또는 직불카드영수증을 받아야 합니다. 단, 제조업을 경영하는 사업자가 농어민으로부터 직접 구입하는 경우에는 농어민의 성명, 주민등록번호, 건수, 품명, 수량, 매입가액을 기재한 의제매입세액공제신고서만 제출하면 됩니다.

06 부가가치세 업무 중 가장 중요한 세금계산서

↗ 세금계산서 발급 안하면 가산세 발생

세금계산서는 사업자가 재화와 용역을 공급할 때 부가가치세를 거래 상대방에게 징수하고, 그 사실을 증명하기 위해 발급하는 계산서로 송장, 청구서, 증명서류, 과세자료의 역할 등을 합니다.

본인이 일반사업자라면 '세금계산서'를 발급해야 하고, 면세사업자라면 '계산서'를 발급해야 합니다. 세금계산서의 양식을 자세히 보면, 세금계산서는 부가가치세액을 적는 란이 있고, 계산서는 세액을 적는 란이 없어서 쉽게 구분이 가능합니다.

세금계산서 발급 시 4가지 사항은 필요적으로 기재를 하여야 합니다. 이를 기재하지 않거나 사실과 다르게 기재하는 경우에는 공급가액의 1%가 가산세로 발생하기 때문입니다.

세금계산서 필요적 기재사항

- 공급자의 사업자등록번호, 성명 또는 명칭
- 공급받는 자의 등록번호(사업자가 아니라면 주민등록번호)
- 공급가액과 부가가치세액
- 작성연월일

일반과세자는 전부 세금계산서를 발급할 수 있지만, 영수증 발급대상 사업이나 세금계산서 발급의무가 면제되는 일반적인 음식점, 소매업, 미용실, 목욕탕 등 최종소비자를 상대하는 업종은 세금계산서를 발급하지 않아도 됩니다.

세금계산서를 제때에 발급하지 않으면 거래처 간에 서로 매출·매입의 계산이 엉키게 되고, 0.3~3% 가량의 세금계산서 관련 가산세가 발생할 수 있으므로 꼭 때를 놓치지 않고 발급해야 합니다.

'전자'세금계산서 발급 기준

법인사업자와 직전연도 공급가액이 3억 원 이상인 개인사업자(2022년 7월 1일 이후부터는 직전연도 공급가액이 2억 원 이상인 개인사업자)는 '전자' 세금계산서 발급이 의무입니다. 기존에는 종이세금계산서로 거래를 하여 시점에 대한 조정을 편히 가져갔는데, 작년 공급가액이 3억 원을 넘었다면 이제는 매 시점에 놓치지 않고 '전자'세금계산서를 발급해야 합니다. 전자세금계산서 발급은 국세청 홈택스 사이트, 국세청 콜센터 '126' 및 전자세금계산서 발급 대행업체 사이트에서 발급할 수 있습니다.

전자세금계산서는 작성연월일을 조작할 수 없으므로 기한 내에 발급하지 않으면 공급가액의 2%에 대한 가산세가 발생하게 됩니다. 그러므로 꼭 기한을 놓치지 않고 발급하는 습관이 필요하며, 세금계산서 등 증빙서류는 5년 동안 보관해야 할 의무가 있으나 전자세금계산서는 전자적 보관이 되고 있다고 보아 보관의무가 없습니다.

↗ 세금계산서와 신용카드 중복공제를 조심하자

세법에서는 신용카드로 결제를 하였다면 세금계산서와 중복해서 발급받을 수 없다고 되어 있습니다. 두 매입건을 중복처리하게 되면 매입세액공제를 2번 받을 수 있기 때문입니다.

그러나 외상 구매의 경우와 같이 세금계산서를 발급받고 신용카드를 결제하는 경우는 부득이하게 허용이 되므로 이런 경우에는 꼭 잊지 않고 세금계산서를 기준으로 매입세액공제를 적용받고, 신용카드 결제내역은 꼭 중복분을 체크해서 제외하여야 합니다.

이중 공제받는 세금 내역은 쉽게 국세청으로부터 포착이 되므로 신고 시에 꼭 중복분에 대한 매입에 대해서 기록을 해놓고 이를 반영하여야 합니다. 이는 세무대리인을 통해 신고할 때에도 마찬가지로 전달해야 할 사항입니다.

↗ 거래처가 세금계산서를 발급해주지 않습니다

세금계산서는 원칙적으로 공급자가 발급하게 되어 있습니다. 하지만 공급자가 우월적 지위에서 고의적으로 세금계산서를 발급하지 않고 매출을 누락하고 싶어 할 수 있습니다. 이때 매입자는 어떻게 매입세액을 공제받을 수 있을까요?

상대적으로 열위에 있는 매수자를 보호하기 위해 그 재화 또는 용역을 공급받은 자가 관할 세무서장의 확인을 받아 세금계산서를 발급하는 매입자 발급 세금계산서 제도가 있습니다.

매입자가 세금계산서를 발급하기 위해서는 매입자의 관할 세무서장에게 거래사실을 객관적으로 입증하는 입출금내역 등 증빙서류를 첨부하여 신청해야 하며, 신청기한은 거래가 있었던 과세기간 종료일로부터 6개월 이내입니다.

신청 시 거래건당 공급대가가 10만 원 이상인 경우에 한하며, 신청을 받은 관할 세무서는 신청서 확인 후 신청인에게 그 결과를 통지하게 되고, 그 결과에 따라 세금계산서를 발급하여 공급자에게 발급하면 됩니다.

tip 세금계산서를 잘못 발급했다면 수정세금계산서 발급하기

세금계산서를 교부한 뒤 그 기재사항의 착오 또는 오류를 발견할 수 있습니다. 이때에는 당초의 거래내용이 바뀌게 되므로 수정세금계산서를 발급해야 합니다. 만약 세금계산서를 수정할 사유가 발생했음에도 수정세금계산서를 발급하지 않는다면 사실과 다른 거짓 세금계산서가 되어 매입세액 공제가 불가능하고 세금계산서 미교부, 미제출 가산세가 부과됩니다.

수정세금계산서를 교부해야 하는 경우는 다음의 9가지가 있습니다.

① 처음 공급한 재화가 환입된 경우
재화가 환입된 날을 작성일로 적고 비고란에 처음 세금계산서 작성일을 덧붙여 적은 후 붉은색 글씨로 쓰거나 음(陰)의 표시를 하여 발급

② 계약의 해제로 재화 또는 용역이 공급되지 아니한 경우
계약이 해제된 때에 그 작성일은 계약해제일로 적고 비고란에 처음 세금계산서 작성일을 덧붙여 적은 후 붉은색 글씨로 쓰거나 음(陰))의 표시를 하여 발급

③ 계약의 해지 등에 따라 공급가액에 추가되거나 차감되는 금액이 발생한 경우
증감 사유가 발생한 날을 작성일로 적고 추가되는 금액은 검은색 글씨로 쓰고, 차감되는 금액은 붉은색 글씨로 쓰거나 음(陰)의 표시를 하여 발급

④ 재화 또는 용역을 공급한 후 공급시기가 속하는 과세기간 종료 후 25일(과세기간 종료 후 25일이 되는 날이 공휴일 또는 토요일인 경우에는 바로 다음 영업일을 말한다) 이내에 내국신용장이 개설되었거나 구매 확인서가 발급된 경우
내국신용장 등이 개설된 때에 그 작성일은 처음 세금계산서 작성일을 적고 비고란에 내국신용장 개설일 등을 덧붙여 적어 영세율 적용분은 검은색 글씨로 세금계산서를 작성하여 발급하고, 추가하여 처음에 발급한 세금계산서의 내용대로 세금계산서를 붉은색 글씨로 또는 음(陰)의 표시를 하여 작성하고 발급

⑤ 필요적 기재사항 등이 착오로 잘못 적힌 경우(과세표준 또는 세액을 경정할 것을 미리 알고 있는 경우는 제외)
처음에 발급한 세금계산서의 내용대로 세금계산서를 붉은색 글씨로 쓰거나 음(陰)의 표시를 하여 발급하고, 수정하여 발급하는 세금계산서는 검은색 글씨로 작성하여 발급

⑥ 필요적 기재사항 등이 착오 외의 사유로 잘못 적힌 경우(과세표준 또는 세액을 경정할 것을 미리 알고 있는 경우는 제외)

재화나 용역의 공급일이 속하는 과세기간에 대한 확정 신고기한까지 세금계산서를 작성하되, 처음에 발급한 세금계산서의 내용대로 세금계산서를 붉은색 글씨로 쓰거나 음(陰)의 표시를 하여 발급하고, 수정하여 발급하는 세금계산서는 검은색 글씨로 작성하여 발급

⑦ 착오로 전자세금계산서를 이중으로 발급한 경우
처음에 발급한 세금계산서의 내용대로 음(陰)의 표시를 하여 발급

⑧ 면세 등 발급대상이 아닌 거래 등에 대하여 발급한 경우
처음에 발급한 세금계산서의 내용대로 붉은색 글씨로 쓰거나 음(陰)의 표시를 하여 발급

⑨ 세율을 잘못 적용하여 발급한 경우(과세표준 또는 세액을 경정할 것을 미리 알고 있는 경우는 제외)
처음에 발급한 세금계산서의 내용대로 세금계산서를 붉은색 글씨로 쓰거나 음(陰)의 표시를 하여 발급하고, 수정하여 발급하는 세금계산서는 검은색 글씨로 작성하여 발급

여기서 과세표준 또는 세액을 경정할 것을 미리 알고 있는 경우란 다음의 경우입니다.

가. 세무조사의 통지를 받은 경우
나. 세무공무원이 과세자료의 수집 또는 민원 등을 처리하기 위하여 현지출장이나 확인업무에 착수한 경우
다. 세무서장으로부터 과세자료 해명안내 통지를 받은 경우
라. 그 밖에 가목부터 다목까지의 규정에 따른 사항과 유사한 경우

07 부가가치세 신고 시 주의사항

부가가치세 신고기한

일반 과세사업자의 신고기한은 다음과 같습니다.

부가가치세 신고기한

구분	제1기		제2기	
	신고대상	신고 기간	신고대상	신고 기간
예정신고	1.1.~3.31. 사업실적	4.1.~4.25.	7.1.~9.30. 사업실적	10.1.~10.25.
확정신고	4.1.~6.30. 사업실적	7.1.~7.25.	10.1.~12.31. 사업실적	다음 해 1.1.~1.25.

법인이 아닌 개인 과세사업자는 예정신고 시 신고의무 대신 직전기 부가가치세 산출세액의 1/2에 해당하는 납부세액이 고지서 형태로 우편 발송됩니다. 예정 고지로 신고의 번거로움을 도와주는 방식입니다.

간혹 현재 불경기로 인해 매출이 높지 않은데 전기의 1/2에 해당하는 예정 고지로 세금이 나왔다면 당황스럽고 사업도 잘 안되는데 납부 부담도 생기게 됩니다. 이럴 경우에는 개인사업자라도 예정신고를 할 수 있습니다.

3개월분에 대한 실제 매출 및 매입에 대해 계산하여 실제 부가가치세를 신고 및 납부할 수 있으므로, 예정 고지를 무시하고 예정신고를 통해 납부의 부담감을 없앨 수 있습니다.

부가가치세 신고 실수 사례

일반 과세사업자가 부가가치세 신고 시 실수 사례는 다음 사항들이 있습니다.

구분	내용
매출	• 비사업자로부터 받은 현금 또는 계좌이체 금액을 신고 누락 • 현금영수증 실제 발급금액과 현금영수증 신고 매출금액 불일치 • 과 · 면세 겸업자의 과세 매출분을 면세 매출로 잘못 신고 • 영세율 매출이 발생한 경우 영세율 첨부서류를 미제출 • 종이세금계산서 및 종이계산서의 신고 누락 • 오픈마켓, 소셜커머스 매출내역 누락 • 배달 대행 결제내역 및 결제대행 사이트 매출 누락
매입	• 면세 · 간이사업자로부터 매입한 자료를 매입세액으로 잘못 공제 • 사업과 관련 없이 사용, 거래처 접대비로 지출한 신용카드 결제 금액을 매입세액으로 잘못 공제 • 비영업용 소형승용차 구입 · 유지비용을 매입세액으로 잘못 공제 • 과 · 면세 겸업자의 공통매입세액 안분계산 누락 • 공급하는 자가 사실과 다른 세금계산서의 매입세액을 잘못 공제 • 종이세금계산서 및 종이계산서의 신고 누락 • 사업자등록 전 매입세액 누락

공제	• 이미 환급받은 예정신고 환급액을 확정 신고 시 미환급세액으로 잘못 신고 • 직전연도 매출액이 10억 원을 초과하는 개인사업자는 신용카드 매출전표 발급세액 공제가 되지 않는데 이를 신고한 경우

↗ 사업자 '직접' 신고 시 놓치기 쉬운 사항

종합소득세 신고는 복잡한 「소득세법」을 전부 이해해야 하고, 관련 서류도 수십 종류에 달하니 세무사를 수임하여 신고하고, 부가가치세 정도는 본인이 직접 홈택스를 통해서 신고하는 경우가 있습니다. 문제는 부가가치세 신고를 직접 할 때 정말 많은 사업자가 놓치는 부분이 있습니다.

① 배달대행사를 이용하는 자영업자가 배달대행사에서 발급한 기타 현금 매출액을 검토도 하지 않고 전체를 누락하는 경우가 종종 있습니다. 이는 배달대행사를 통해서 쉽게 매출액이 포착되기 때문에 꼭 주의하여야 합니다. 각 배달대행 및 온라인 오픈마켓의 매출파악은 각 판매자 사이트에서 사업자가 직접 확인할 수 있으므로, 꼭 신고 전에 관련 판매자 사이트를 로그인하여 매출을 취합하여야 합니다.

② 두 번째는 신용카드 매입세액 공제와 의제 매입세액 공제 등 '기타 공제 매입세액'을 하나도 적용하지 않고 신고하는 경우입니다. 사업을 하면서 모든 매입을 세금계산서로 받지는 않습니다. 신용카드로 간단한 물건들을 주변 상점에서 구입하고, 식당을 운영 중이라면 육류 및 야채류를 현금영수증으로 받는 경우도 있기

때문입니다. 그런데 이런 매입부분에 대해서는 홈택스에서 직접 계산해주지 않습니다. 그러므로 본인이 신용카드 및 현금영수증으로 직접 사업관련 매입이 있었다면 '기타공제 매입세액'에 대한 공제를 놓치지 않고 신고하여 본인의 부가가치세를 절세할 수 있어야 합니다.

물론 사업과 관련 없는 매입에 대한 과대계상을 하게 되면 소명요청이 올 수 있으니, 본인의 매입에 대한 기록을 꼼꼼히 검토하여야 합니다.

③ 국세청은 빅데이터를 기반으로 매 신고시기마다 '부가가치세 신고도움 서비스'로 기존 부가가치세 신고 내역 및 부가율 정보와 동종의 업종 평균율에 대한 정보도 제공합니다. 이때 업종 평균보다 부가율이 낮다면 이에 대해서 주의하라는 문구도 안내를 받게 됩니다. 즉, 업종 평균보다 부가율이 낮다는 이유는 매출 누락 또는 매입의 과대 및 가공 계상에 따른 결과라고 생각할 수 있다는 점입니다. 신고내역이 사실이라면 문제되지 않겠지만, 이러한 사실에 의심을 받게 되면 국세청으로부터 사후검증 안내문을 받을 수도 있습니다.

PART 5

3시간에 끝장내는
초보사장 창업세금

사업자의 종합소득세 지식

01 계산구조를 알아야 세금이 보인다

매년 5월은 종합소득세 신고 및 납부의 달입니다. 5월 31일까지 신고 및 납부하여야 하는 종합소득세의 계산구조를 살펴보겠습니다.

종합소득세 계산구조

총 수입금액 (비과세, 분리과세 제외) −필요경비	이자소득	배당소득	사업소득	근로소득	연금소득	기타소득
		+) 귀속법인세	−) 필요경비	−) 근로소득공제	−) 연금소득공제	−) 필요경비
=종합소득금액 −소득공제	이자소득금액	배당소득금액	사업소득금액	근로소득금액	연금소득금액	기타소득금액
	인적, 특별소득, 연금보험료, 신용카드 등					
=과세표준 ×세율	6~45% 누진세율					
=산출세액 −세액감면 −세액공제	중소기업에 대한 특별세액감면 등 자녀, 특별, 연금계좌, 배당, 기장, 월세, 근로소득세액공제 등					
=결정세액 +가산세						
=총결정세액 −기납부세액	중간예납세액, 원천징수세액 등					
=차감납부할 세액						

종합소득세는 매년 1. 1.~12. 31.까지 1년간 개인이 벌어들인 이자 · 배당, 사업, 근로, 연금, 기타소득까지 6가지의 각 소득에서 개별적으로 필요경비 및 공제를 제한 '소득금액'을 총합하여 소득공제 및 세액감면 · 공제를 적용 후 세액을 산출하는 구조로 되어 있습니다.

용어의 정의를 명확히 이해해야 개념도 잘 잡히게 됩니다. 모든 소득은 관련 경비를 제한 이후에는 '소득금액'으로 정의됩니다. 이렇게 1년간 벌어들인 6가지 소득금액의 합계액이 '종합소득금액'이 됩니다.

그 후 관련 소득금액에 적용되는 소득공제를 적용합니다. 소득공제는 소득액에 대해 세율을 곱하여 세금을 매기기 전에 일정액을 공제하는 것으로, 납세자의 세금 부담을 덜어주고 최저생계비를 보장하는데 목적이 있습니다. 대표적인 소득공제로는 인적공제, 근로소득공제, 특별공제, 「조세특례제한법」상 공제 등이 있습니다.

인적공제는 사업자 개인과 가구 구성원에 대해 일정액을 과세소득에서 제하는 것으로 모든 납세자에게 적용되는 최저생계비적인 공제이며, 근로소득공제는 근로자들이 소득을 얻는 과정에서 필수적으로 들어가는 경비를 세금 부과 대상에서 제외받는 것입니다. 특별공제는 정책적으로 지원이 필요한 부분을 공제해주는 것으로 연금보험료, 건강 · 고용 보험료, 소기업 · 소상공인 공제부금 등을 소득에서 빼주는 방식입니다.

종합소득세를 이해하면서 가장 우선 이해해야 하는 것은 세금은 누진적으로 증가한다는 점입니다. 누진적으로 적용이 된다는 것은 일정 과세표준을 기준으로 세율이 계단식으로 적용된다고 생각하면 이해하기가 쉽습니다. 그러므로 과세표준에서 세율을 곱하여 세금을 계산할 때 과세표준이 작년보다 2배 늘었다고 해서 세금도 단순히 2배만 늘었다고 생각하여 납부세액을 준비한다면 납부자금이 부족해질 수 있습니다. 누진세율을 증가시키는 세액의 증가 폭을 예측하는 것은 경영할 때 정말 중요한 세무지식이 됩니다.

과세표준에 따른 소득세율과 누진 공제

과세표준	세율	누진 공제
1,200만 원 이하	6%	
1,200만 원 초과~4,600만 원 이하	15%	108만 원
4,600만 원 초과~8,800만 원 이하	24%	522만 원
8,800만 원 초과~1억 5천만 원 이하	35%	1,490만 원
1억 5천만 원 초과~3억 원 이하	38%	1,940만 원
3억 원 초과~5억 원 이하	40%	2,540만 원
5억 원 초과~10억 원 이하	42%	3,540만 원
10억 원 초과	45%	6,540만 원

과세표준을 5천만 원 단위로 나누어 산출세액을 계산하면 다음과 같습니다.

<table>
<tr><th>과세표준</th><th>산출세액(국세)</th><th>평균세율</th><th>누진세율 구간</th></tr>
<tr><td>5천만 원</td><td>678만 원</td><td>13.56%</td><td>24%</td></tr>
<tr><td>1억 원</td><td>2,010만 원</td><td>20.1%</td><td rowspan="2">35%</td></tr>
<tr><td>1억 5천만 원</td><td>3,760만 원</td><td>25.07%</td></tr>
<tr><td>2억 원</td><td>5,660만 원</td><td>28.3%</td><td rowspan="3">38%</td></tr>
<tr><td>2억 5천만 원</td><td>7,560만 원</td><td>30.24%</td></tr>
<tr><td>3억 원</td><td>9,460만 원</td><td>31.53%</td></tr>
<tr><td>3억 5천만 원</td><td>1억 1,460만 원</td><td>32.74%</td><td rowspan="2">40%</td></tr>
<tr><td>4억 원</td><td>1억 3,460만 원</td><td>33.65%</td></tr>
</table>

과세표준	산출세액(국세)	평균세율	누진세율 구간
4억 5천만 원	1억 5,460만 원	34.35%	40%
5억 원	1억 7,460만 원	34.92%	

과세표준이 5천만 원인 경우와 1억 원인 경우를 비교해보면 평균세율은 6.54% 증가, 실제 납부금액은 거의 3배 정도가 증가됩니다. 납부세액을 준비할 때 꼭 이런 세액 상승 폭에 대해서 숙지하여야 합니다.

산출세액을 구한 후에는 일정 요건을 충족하면 세액감면과 세액공제를 적용받을 수 있습니다. 세액감면은 납세의무의 감소, 일부가 면제되는 부분감면에서 납세의무가 완전히 면제되는 완전감면 등에 이르기까지 다양하며, 대표적으로 중소기업에 대한 특별세액감면 등이 있습니다.

세액공제는 납세의무자가 부담하는 세액 중에서 세금을 제하는 것을 말합니다. 세액공제는 일반적으로 국제 · 국내의 조세 종목 간의 이중과세 조정, 소득 종류 간의 세 부담 조정, 저소득층의 세 부담 경감, 특정 산업의 지원육성, 근로자의 복지후생 지원 등의 목적 실현을 위해 조세의 부과징수를 일부 배제하거나 유예함으로써, 소득 간 또는 납세의무자 간의 형평을 유지하고 특정 산업의 개발이나 투자재원의 조달을 쉽게 할 수 있도록 하는 제도입니다.

소득세에는 고용을 증대시킨 기업에 대한 세액공제, 근로소득 세액공제, 배당세액공제, 기장 세액공제, 특별 세액공제인 의료비 · 교육비 · 기부금 세액공제와 성실신고확인비용에 대한 세액공제 등이 있습니다.

이렇게 세액감면과 세액공제를 차감한 후 종합소득세 관련 가산세는 더하고, 기납부하였던 중간예납세액 및 원천징수세액을 차감하면 최종 납부할 종합소득세액을 구할 수 있습니다.

tip 종합소득세 중간예납이란?

중간예납이란 종합소득이 있는 거주자에 대하여 1월 1일부터 6월 30일까지의 기간에 대하여 전년도의 종합소득에 대한 소득세로서 납부하였거나 납부하여야 할 세액의 1/2에 상당하는 금액을 납부세액으로 결정하여 관할 세무서에서 11월 1일~15일 사이에 납세고지서로 발급 및 징수하는 제도를 말합니다.

납부기한은 11월 30일까지이며, 이후 확정 신고 및 납부 시에는 확정된 종합소득세액에서 이미 납부한 중간예납세액을 차감하여 정산하게 됩니다. 그러므로 전년도의 종합소득세를 기억하여 11월에 중간예납을 위한 자금을 꼭 마련해두어야 합니다.

종합소득이 있는 거주자와 종합과세되는 비거주자가 소득세 중간예납 납부 대상자입니다. 단, 신규사업자와 휴·폐업자, 일정한 소득만 있는 자, 납세조합가입자, 부동산매매업자, 소액부징수자는 대상에서 제외됩니다.

또한 종합소득이 있는 거주자가 중간예납기간의 종료일 현재 그 중간예납기간 종료일까지의 종합소득금액에 대한 소득세액이 중간예납기준액의 30%에 미달하는 경우에는 11월 1일부터 11월 30일까지의 기간에 세법에 따라 중간예납추계액을 중간예납세액으로 하여 납세지 관할 세무서장에게 신고할 수도 있습니다.

02 매출이 올라가면 종합소득세 신고의무도 무거워진다

매출별 종합소득세 신고유형

개인사업자는 직전연도 업종별 수입금액에 따라 신고유형이 달라집니다. 본인이 기장을 의무적으로 해야 하는지 여부 및 추계 신고 시 단순경비율과 기준경비율 중 어떤 것을 적용해야 하는지 여부를 판단하는 기준이 신고유형에 따라 달라지므로 중요한 판단기준입니다.

참고로 전문직 사업자는 직전연도 수입금액 규모에 상관없이 복식부기 의무자, 기준경비율 적용대상자가 됩니다.

<table>
<tr><th rowspan="3">업종별</th><th colspan="2">장부신고자</th><th colspan="3">추계신고자</th></tr>
<tr><th rowspan="2">복식부기 의무자</th><th rowspan="2">외부조정 계산서 첨부대상자</th><th colspan="2">기준경비율</th><th rowspan="2">단순 경비율</th></tr>
<tr><th>해당연도*</th><th>직전연도</th></tr>
<tr><td>① 농업 및 임업, 어업, 광업, 도매업 및 소매업(상품중개업 제외), 부동산매매업, 아래 ②와 ③에 해당하지 아니하는 사업</td><td>3억 원 이상</td><td>6억 원 이상</td><td>3억 원 이상</td><td>6천만 원 이상</td><td>6천만 원 미만</td></tr>
<tr><td>② 제조업, 숙박 및 음식점업, 전기·가스·증기 및 수도 사업, 하수 폐기물처리 원료재생 및 환경복원업, 건설업(비주거용 건물 건설업은 제외), 부동산 개발 및 공급업(주거용 건물 개발 및 공급업에 한함), 운수업, 출판 영상 방송통신 및 정보서비스업, 금융 및 보험업, 상품중개업</td><td>1억 5천만 원 이상</td><td>3억 원 이상</td><td>1억 5천만 원 이상</td><td>3,600만 원 이상</td><td>3,600만 원 미만</td></tr>
<tr><td>③ 소득세법 제45조 제2항에 따른 부동산임대업, 부동산관련 서비스업, 전문 과학 및 기술 서비스업, 임대업(부동산임대업 제외), 사업시설관리 및 사업지원서비스업, 교육 서비스업, 보건업 및 사회복지서비스업, 예술 스포츠 및 여가관련 서비스업, 협회 및 단체, 수리 및 기타 개인서비스업, 가구 내 고용활동</td><td>7,500만 원 이상</td><td>1억 5천만 원 이상</td><td>7,500만 원 이상</td><td>2,400만 원 이상</td><td>2,400만 원 미만</td></tr>
</table>

* 해당 과세기간 신규사업자도 기준경비율 해당연도 수입금액 기준을 적용합니다.

↗ 추계신고란?

추계신고란 모든 사업자는 스스로 작성한 장부를 근거로 자신의 소득금액을 산정하여 소득세를 신고하여야 하나, 장부를 작성하지 않는 사업자에 대하여는 정확한 소득금액을 산정할 수 없기 때문에 이러한 장부가 없는 사업자의 소득금액을 추정하여 계산(추계)하기 위한 방법으로 직전연도 수입금액에 따라 기준경비율 또는 단순경비율을 적용하여 소득금액을 계산하는 제도입니다.

기준경비율 적용대상자는 장부를 기장하지 않은 사업자로서 단순경비율 적용이 배제되는 사업자와 직전 과세기간의 수입금액이 업종에 따른 금액 이상인 사업자 및 해당 과세기간의 수입금액이 기준규모 이상인 사업자를 말합니다.

기준경비율 적용대상자가 단순경비율을 적용하여 신고하는 경우에는 소득 금액 및 세액을 과소하게 신고하는 결과가 되므로, 과소신고분에 대하여는 추후 신고불성실가산세 및 납부불성실가산세가 추가로 부과됩니다. 또한, 직전 과세기간의 수입금액이 4,800만 원 이상인 사업자가 장부를 비치 · 기록하지 않고 추계신고할 경우 산출세액의 20%가 무기장가산세로 적용됩니다. 추가로 복식부기의무자가 추계신고할 경우 무신고가산세(수입금액의 0.07%와 무신고 납부세액의 20% 중 큰 금액)와 무기장가산세(산출세액의 20%) 중 큰 금액이 가산세로 적용됩니다.

단순경비율 적용대상자는 종합소득세를 장부에 의해 계산한 소득금액으로 신고하지 않는 사업자로서 직전 과세기간의 수입금액이 업종별 기준수입금액에 미달하는 사업자와 당해 연도 신규사업자인 경우에 해당합니다.

↗ 장부 신고자란?

간편장부대상자란 당해 과세기간에 신규로 사업을 개시한 사업자와 직전 과세기간의 수입금액 합계액이 복식부기 의무자의 업종별 기준금액에 미달하는 사업자를 말합니다.

그 외 간편장부대상자에 해당되지 않는 사업자는 전부 복식부기 의무자가 됩니다. 복식부기에 해당하면 사업소득금액을 비치 · 기록된 장부와 증명서류에 의하여 계산하며, 기업회계기준을 준용하여 작성한 재무상태표 · 손익계산서와 그 부속서류, 합계잔액시산표 및 조정계산서를 종합소득세 신고 시 제출하여야 합니다. 이를 제출하지 않으면 종합소득세 신고를 하지 않은 것으로 보게 됩니다.

나아가 복식부기 의무자이면서 매출이 높아 업종별 기준금액이 외부조정계산서 첨부대상자에 해당하면 의무적으로 세무대리인인 세무사 등을 통해서 조정계산서를 작성하여야 합니다.

즉, 일정 매출 이상인 사업소득자에게 회계 및 세법 처리의 규정을 더 엄격하게 적용하는 하나의 기준점이 되는 사업자를 복식부기 의무자라고 합니다.

↗ 성실신고확인제도란?

업종별	확인대상 수입금액
농업 · 임업 및 어업, 광업, 도매 및 소매업(상품중개업을 제외한다), 제122조 제1항에 따른 부동산매매업, 그 밖에 제2호 및 제3호에 해당하지 아니하는 사업	해당연도 수입금액 15억 원 이상

업종별	확인대상 수입금액
제조업, 숙박 및 음식점업, 전기·가스·증기 및 공기조절 공급업, 수도·하수·폐기물처리·원료재생업, 건설업(비주거용 건물 건설업은 제외), 부동산 개발 및 공급업(주거용 건물 개발 및 공급업에 한함), 운수업 및 창고업, 정보통신업, 금융 및 보험업, 상품중개업	해당연도 수입금액 7.5억 원 이상
법 제45조 제2항에 따른 부동산임대업, 부동산업(제122조 제1항에 따른 부동산매매업은 제외한다), 전문·과학 및 기술 서비스업, 사업시설관리·사업지원 및 임대서비스업, 교육 서비스업, 보건업 및 사회복지 서비스업, 예술·스포츠 및 여가관련 서비스업, 협회 및 단체, 수리 및 기타 개인 서비스업, 가구 내 고용활동	해당연도 수입금액 5억 원 이상

성실한 납세를 위해서 필요하다고 인정되는 해당 과세기간의 수입금액 합계액이 성실신고확인대상자 기준소득을 넘는 개인사업자는 종합소득 과세표준확정 신고를 할 때 사업소득금액의 적정성을 세무사 등이 성실신고확인절차에 따라 확인하고 작성한 확인서(성실신고확인서)를 납세지 관할 세무서장에게 제출하여야 합니다.

즉, 소득금액이 기준 이상이라면 복식부기 의무자보다 더 엄격한 신고서 요건을 요구하며 무조건 세무사를 통해 성실신고확인절차를 확인하고 확인서를 제출하여야 합니다. 기준수입금액은 해당 사업 연도의 수입금액(사업용 유형자산 처분 수입금액 제외)을 기준으로 판단합니다.

성실신고확인대상 사업자가 성실신고확인서를 제출하는 경우에는 종합소득세 확정 신고기한에도 불구하고 종합소득 과세표준 확정 신고를 그 과세기간의 다음 연도 5월 1일부터 6월 30일까지 신고기한이 한 달 연장됩니다.

추가로 성실사업자 또는 성실신고확인대상 사업자로서 성실신고

확인서를 제출한 자가 세액공제대상 의료비 및 교육비를 지출한 경우 그 지출금액의 15%에 해당하는 금액을 소득세에서 공제받을 수 있습니다.

만약 성실신고확인서를 제출하지 않으면 종합소득 산출세액에서 사업소득금액이 전체 종합소득금액에서 차지하는 비율의 5%를 가산세로 해당 과세기간의 종합소득 결정세액에 더하여 납부하여야 합니다.

성실신고확인대상 사업자가 세무사를 통해 성실신고확인서를 제출하는 경우에는 성실신고확인에 직접 사용한 비용의 60%를 120만 원의 한도 내에서 해당 과세연도의 사업소득세에서 공제받을 수 있습니다.

그러나 조심할 점은 성실신고확인비용에 대한 세액공제를 적용받은 사업자가 과소 신고한 사업소득금액이 경정(수정신고로 인한 경우를 포함)된 사업소득금액의 10% 이상이면 공제받은 금액에 상당하는 세액을 전액 추징받게 됩니다. 또한, 세액공제액이 추징된 사업자에 대하여는 추징일이 속하는 과세연도의 다음 과세연도부터 3개 과세연도의 성실신고확인비용에 대한 세액공제를 적용받을 수 없습니다.

또한, 납세자가 성실신고확인서 제출 등의 납세협력 의무를 이행하지 아니한 경우 정기선정에 의한 조사 외에 세무조사를 받을 수 있습니다. 기본적으로 모든 세금은 성실하게 신고하는 것이 당연하지만, 성실신고제도는 그 취지가 고소득 자영업자들의 성실한 소득신고를 유도하기 위해서 만들어졌기 때문에 장부의 기록 및 구분 기장에 대한 적정성을 아주 엄격하게 검증합니다. 종합소득세 세무조사의 대부분은 성실신고확인제도를 받는 사업자라고 보면 됩니다. 그러므로 성실신고확인대상 사업자는 더욱 엄격한 세법적 잣대가 적용됨을 항상 인지해야 합니다.

03 세무사 통한 장부작성, 꼭 해야 하나요?

결론부터 말하면 선택을 할 수 있는 경우에는 이해득실을 따져보고 결정하는 것이 좋으며, 의무 작성하여야 하는 때에는 꼭 세무사를 통해서 장부작성을 하여야 합니다. 그 밖의 정부지원 사업 입찰이나 근로자 관리차원에서 장부작성이 필요한 때도 있습니다.

↗ 세무사를 통한 장부작성, 선택할 수 있는 경우

예를 들어 세무사를 통해 종합소득세 신고를 하였더니 절세가 200만 원이 되었고, 수임료가 200만 원보다 적으면서 지불하기 합당한 금액이라고 생각이 든다면 세무사를 통한 장부작성을 하는 것이 좋습니다.

가장 대표적인 예시는 추계신고와 기장신고입니다. '추계신고'는 추정하여 계산한다는 것으로 단순경비율 신고와 기준경비율 신고로 나누고, '기장신고'는 간편장부대상자와 복식부기의무자로 나누게 됩니다.

추계신고는 그 계산방식이 아주 간단합니다. 소득금액을 계산할 때 기준경비율과 단순경비율로 계산한 필요경비를 수입금액에서 차감하여 계산하게 됩니다. 즉, 추계신고는 사업자가 장부를 작성하지 않고 국세청에서 정해준 경비율에 의해 신고를 하므로 계산이 간단하지만, 사업자가 실제 지출한 비용을 반영하지 못하기 때문에 정확한 세금신고는 아닙니다. 소득금액이 낮은 단순경비율 신고대상자는 복잡한 세금신고와 세무 비용도 절약할 수 있으며, 소득세도 낮거나 대부분 과세되지 않아서 영세 사업자를 돕기 위한 하나의 유형입니다.

기장 신고는 사업자가 다양한 증빙을 통해서 필요경비를 계산하고 이를 장부작성하여 사업소득에서 차감하여 사업소득금액을 계산하게 됩니다. 이를 직접 작성하기에는 다소 어려운 점이 있으므로, 이때 세무사를 통해 장부작성을 도움받을 수 있습니다.

그러면 매출이 낮아 단순경비율로 추계신고하는 영세 사업자는 장부작성을 할 동기가 없어 보입니다. 하지만 사업 초반인 첫해에 매출은 1천만 원이었고, 시설투자 등 지출비용은 3천만 원이었다고 가정해 보겠습니다. 단순경비율로 추계신고를 하여도 세금이 거의 나오지는 않겠지만, 추정해서 계산하므로 매출 대비 경비를 2천만 원이나 더 쓴 것을 이월해서 차후에 활용할 수 없게 됩니다.

만약 장부작성을 하였다면 다음연도에 매출이 1억 원이고 지출비용이 3천만 원이었다고 가정 시 사업 첫해에 결손이 났었던 2천만 원을 다음연도 이익 7천만 원에서 차감하여 5천만 원으로 세금계산을 할 수 있습니다.

즉, 단순히 그해의 소득에 대한 세금이 안 나온다고 해서 장부작성을 하지 않는 것이 아니라 미래에도 내가 적용받을 수 있는 절세 포인트가 있는지 확인하고, 그 실제적 이익이 클 것으로 예상된다면 세무사를 통한 장부작성을 하는 것이 사업자에게 더 이득이 되는 선택입니다.

간혹 사업자 중에는 올해 사업을 하면서 적자가 났기 때문에 종합소득세는 신고하지 않아도 되는 것으로 알고 있을 수가 있습니다. 국세청은 사업자가 장부를 작성하여 신고하지 않는 이상에는 사업자의 납부 예상세액과 적자 현황을 그 어떤 사실로도 알 수 없습니다.

즉, 신고하지 않으면 결국 신고 및 납부의무가 있는 사업자가 얼마의 세금이 나올지 알 수 없으므로 무신고에 대한 소명요청이 오게 되고, 본인의 적자 금액이 얼마인지 확정지을 수 없으므로 10년간 발생하는 소득에서 적자를 공제받을 수 없습니다.

나아가 간편장부대상자가 신고하여도 세금이 나오면 세무사를 통한 장부작성으로 세금신고를 하여 '기장세액공제'를 최대 100만 원까지 적용받을 수 있습니다. 그 외의 각종 세액공제 및 세액감면도 세법적 확인을 통해 적용해주기 때문에 실질적인 절세에서 더 큰 도움이 될 수 있습니다.

↗ 세무사를 통한 장부작성, 의무적인 경우

우리 세법에서는 일정 매출이 넘게 되면 복식부기의무자가 되고, 세무대리인을 통해서 무조건 장부작성을 하게끔 되어있습니다. 즉, 법에서 정한 세무전문가인 세무사를 통해 본인 사업장의 장부를 작성하여

의무적으로 세금을 신고하라는 것입니다.

주로 프리랜서는 본인이 복식부기의무자인 사실도 모르고 종합소득세 신고 때마다 일선 세무서에서 줄 서서 세금신고를 해달라고 하는 경우가 있습니다. 세무서에서 무료로 신고서를 작성해주는 것은 절대 장부를 작성하는 것이 아니라 추계로 계산한 신고서 작성입니다. 그래서 복식부기의무자가 장부를 하지 않게 되었을 때 가산세가 발생한다는 점 등을 안내해주면서 일부 세액이 나오게끔 세금계산이 됩니다. 이렇게 신고를 마무리하고 나서 프리랜서는 본인이 세무서를 통해 세금신고를 하여 세무대리인 비용을 줄였으므로 세금을 일부 내더라도 돈이 절약되었다고 생각을 합니다.

그러나 세무사로서 경험한 대부분의 프리랜서는 오히려 세무 대리인을 통해 신고하였을 때 세금납부 발생은커녕 세금 환급이 되는 경우가 많으며, 환급금액보다 세무대리인 비용이 적어서 본인에게 더 큰 이익이 되는데 이를 모르고 관성처럼 세무서에서 가산세를 물어가며 신고서 작성을 의뢰하는 경우가 많습니다.

특히 복식부기 의무자가 장부를 작성하지 않고 신고를 하게 되면 산출 세액의 20%가 무기장가산세로 바로 적용되는데, 이를 세무사를 통해 작성만 하여도 줄일 수 있다는 사실을 알았을 때 많은 분이 그동안 세무서에서 무료로 해줬다면서 좋아했던 자신의 과거 모습에 허탈해 합니다.

↗ 세무사를 통한 장부작성이 필요한 경우

정부지원금 또는 정부 입찰 사업을 하는 업종이라면 장부를 작성하여 신고하여야 합니다. 정부지원금 또는 정부 입찰 사업을 위해서는 본인의 업종에 대한 손익계산서 및 재무상태표 등 재무제표 제출이 필수이기 때문입니다.

장부를 기록하지 않고 신고하게 된다면 재무제표를 확인할 길이 없어서 지원에 대한 제재나 지원사업이 끊기게 될 수 있습니다. 또한, 은행에서 대출을 실행할 때 회사의 신용 건전성을 확인하는 가장 첫 단추이면서 중요한 서류가 재무제표입니다. 이는 장부를 만들지 않으면 알 수 없으므로 새로운 대출 신청 및 매년 시행되는 대출 심사를 위해서라도 재무제표를 만들지 않으면 안 됩니다.

마지막으로 직원이 있다면 매월 4대 보험 및 원천세 신고와 함께 퇴직금 및 연말정산의 신고의무를 사업자가 직접 하기 어려운 경우가 많으므로 장부작성을 의뢰하는 것이 좋습니다. 사업에 바빠 직원의 노동 관련 의무를 이행하지 않았을 때의 책임은 아주 무거우므로 세무사를 통해서 도움을 받는 것입니다.

04 못 받은 외상 매출, 세금만 낼 순 없다

거래처에 물건을 납품하고 매출세금계산서도 발급하였습니다. 그러나 이게 무슨 일입니까? 거래처가 부도나서 납품대금도 못 받고, 물건을 돌려받으려고 한 연락은 계속 받지를 않습니다. 받지도 못한 매출에 대한 세금만 내게 생겼는데 이럴 때는 어떻게 해야 할까요?

세법에서는 영업 활동에서 발생하는 외상매출금, 미수금, 대여금 등과 같은 채권 중 사실상 회수가 불가능한 채권을 '대손금'이라고 합니다. 이렇게 생긴 대손금은 세법상 기준에 맞으면 필요경비로 인정받을 수 있습니다.

이때 회수 불가능의 판단을 사업자가 임의로 결정할 수 있다면 필요에 따라 대손의 귀속연도를 조정함으로써 세 부담이 달라지므로, 세법에서는 회수 불가능의 판단 기준을 정하여 대손금이 경비로 인정받는 기준을 엄격히 규제하고 있습니다.

대손금의 범위

대손금은 다음 중 어느 하나의 사유에 해당되어 회수할 수 없다고 인정되는 채권으로 합니다.

① 관련법상 시효가 완성됨으로써 결산서에 반영되지 않아도 필요경비로 산입할 수 있는 신고조정사항에 해당되는 채권 등

㉮ 외상매출금 및 미수금으로서 상법상의 소멸시효가 완성된 것

㉯ 외상매출금 또는 미수금과 관련하여 받은 「어음법」상의 소멸시효가 완성된 어음

㉰ 외상매출금 또는 미수금과 관련하여 받은 「수표법」상의 소멸시효가 완성된 수표

㉱ 대여금 및 선급금으로서 「민법」상의 소멸시효가 완성된 것

㉲ 「채무자 회생 및 파산에 관한 법률」에 따른 회생계획인가의 결정 또는 법원의 면책결정에 따라 회수불능으로 확정된 채권

㉳ 「서민의 금융생활 지원에 관한 법률」에 따른 채무조정을 받아 신용회복지원 협약에 따라 면책으로 확정된 채권

㉴ 「민사집행법」 제102조의 규정에 의하여 채무자의 재산에 대한 경매가 취소된 압류채권

② 사업자가 결산서에 반영하여야 필요경비로 산입할 수 있는 결산조정사항에 해당되는 채권 등

㉮ 채무자의 파산, 강제집행, 형의 집행, 사업의 폐지, 사망, 실종 또는 행방불명으로 회수할 수 없는 채권

㉯ 부도발생일부터 6개월 이상 지난 수표 또는 어음상의 채권 및 외상매출금(중소기업의 외상매출금으로서 부도발생일 이전의 것에 한정한다). 다만, 해당 사업자가 채무자의 재산에 대하여 저당권을 설정하고 있는 경우는 제외한다.

㉰ 중소기업의 외상매출금 및 미수금으로서 회수기일이 2년 이상 지난 외상매출금 등. 다만, 특수관계인과의 거래로 인하여 발생한 외상매출금 등은 제외한다.

㉱ 재판상 화해 등 확정판결과 같은 효력을 가지는 것으로서 기획재정부령으로 정하는 것에 따라 회수불능으로 확정된 채권

㉲ 회수기일이 6개월 이상 지난 채권 중 채권가액이 30만 원 이하(채무자별 채권가액의 합계액을 기준으로 한다)인 채권

대손금의 필요경비 산입시기

① 신고조정사항은 해당 사유가 발생한 날이 속하는 과세기간의 필요경비로 합니다.

② 결산조정사항인 경우에는 해당 사유가 발생하여 사업자가 필요경비로 계상한 날이 속하는 과세기간의 필요경비로 합니다.

05 세무조사 시각으로 본 지출경비 관리법

복리후생비

복리후생비는 종업원의 작업능률을 향상하고 복리를 증진하기 위하여 사업자가 부담하는 시설이나 일반관리비, 제조경비를 말합니다.

세무조사 중점 검증사항

- 복리후생비는 통상 인건비의 15% 내외에서 사용되는 경우가 보통입니다. 인건비 대비 과도한 복리후생비 비율 계상에 주의하여야 합니다.
- 대표자가 혼자 지출하는 비용, 접대성 비용, 사업 무관 비용, 원거리 소재 사용처 및 주말 사용에 대한 비용은 불인정됩니다. 실제 세무조사 시 주말 및 원거리 사용처 등에 대한 소명이 발생합니다.
- 경비의 적격성은 적격증빙인 세금계산서, 계산서, 신용카드 매출전표, 현금영수증으로 가능합니다. 적격증빙 미비는 가산세가 부과됩니다.

↗ 감가상각비

감가상각비는 유형 · 무형자산의 사용, 시간의 경과 등으로 소모된 경제적 가치를 평가하여 비용으로 차감하는 평가적 비용을 말합니다. 사업장의 대표적인 '자산' 계정은 건물, 인테리어, 기계장치, 비품, 차량, 영업권 등이 있습니다.

지출액이 바로 '비용'이 되는 경우와 '자산'이 되어 '감가상각'을 통해 지출액을 매년 일정 금액씩 몇 년에 걸쳐서 '비용'으로 되는 경우를 구분하고, 유형자산과 무형자산 항목의 지출에는 항상 감가상각을 통해서 경비처리가 된다고 인식해야 합니다.

감가상각은 그 적용방법에 따라 매년 비용으로 인정받는 금액이 달라집니다. 대표적으로 많이 쓰이는 감가상각 적용방법은 정액법과 정률법 2가지입니다.

'정액법'은 감가상각 자산의 취득가액에 당해 자산의 내용연수에 따른 상각률을 적용하여 계산한 각 과세기간의 상각범위액이 매년 균등한 상각방법을 말하고, '정률법'은 해당 감가상각 자산의 취득가액에서 이미 감가상각비로 필요경비에 산입한 금액을 공제한 잔액에 해당 자산의 내용연수에 따른 상각률을 곱하여 계산한 각 과세기간의 상각범위액이 매년 체감되도록 하는 상각방법을 말합니다.

100만 원의 비품을 기준연수 4년간 정액법과 정률법으로 감가상각 시 매년 경비인정 금액에 대해서 비교해보겠습니다.

〈단위: 원〉

구분	Ⅰ. 정액법	Ⅱ. 정률법(52.8%)	차이(Ⅰ－Ⅱ)
1차 연도	250,000	528,000	△278,000
2차 연도	250,000	249,216	784
3차 연도	250,000	117,630	132,370
4차 연도	250,000	105,154	144,846
총계	1,000,000	1,000,000	0

Ⅰ. 정액법: 1,000,000÷4년=매년 250,000원
Ⅱ. 정률법(52.8%): 4년의 정률법 감가상각률은 52.8%입니다.
1) 1차 연도: 1,000,000×52.8%=528,000원
2) 2차 연도: (1,000,000－528,000)×52.8%=249,216원

계산과 같이 정액법은 일정한 감가상각비용을 인정받고, 정률법은 감가상각 취득 후 초기에 큰 감가상각비용을 인정받을 수 있으나 차츰 그 금액의 삭감 폭이 크게 줄어들게 됩니다.

사업장의 방향성에 맞게 감가상각 방식을 활용하는 의사결정이 필요합니다.

세법에서는 감가상각비 방식 및 내용연수를 일부는 선택할 수 있지만, 업무용 승용차와 같이 일부는 임의로 선택하지 못하고 각 자산에 맞는 감가상각 방식을 통해 강제 경비처리하게 됩니다.

사업 초기에 이미 결손이 난 사업체의 경우는 해당연도에 감가상각을 반영하지 않는 방식을 취하여 필요경비 총액과 비율을 조절할 수 있습니다.

세무조사 중점 검증사항

- 가공자산을 설정하고 감가상각비를 계상하는 경우에는 세무조사 대상이 될 수 있습니다.
- 감가상각 자산총액을 부풀리거나 감가상각비 방식 및 내용연수를 축소하여 과도한 감가상각비를 계상하는 경우 세무조사 대상이 될 수 있습니다.

기부금 vs 접대비 vs 광고선전비

비슷하면서도 다른 3가지 경비계정에 대해서 알아보겠습니다.

구분	기부금	접대비	광고선전비
업무 관련성	×	○	○
특정인에 관한 것	○	○	×
특수관계인	×	×	×
한도계산	○ (비지정기부금은 인정 안 됨)	○	× (한도 없음)
적격증빙 입증	기부금영수증	미입증 시 불인정	미입증 시 가산세

1) 기부금

기부금은 특수 관계가 없는 자에게 사업과 직접 관계없이 무상으로 지출하는 재산적 증여가액을 말합니다. 기부금은 업무와 관련 없는 비용으로 업무와 관련하여 지출한 접대비와는 그 성격이 다르며, 특정인(특수 관계자 제외)을 대상으로 하는 지출이라는 점에서 불특정다수를 상대로 회사의 광고선전을 목적으로 지출하는 광고선전비와도 구별됩니다.

사업소득자는 법정 기부금과 지정 기부금을 한도 계산하여 필요경비로 인정받을 수 있습니다.

구분	내용
법정 기부금	• 국가 또는 지방자치단체에 무상으로 기증하는 금품의 가액, 국방헌금과 국군장병 위문 금품의 가액, 천재지변으로 생기는 이재민을 위한 구호 금품의 가액, 국립 및 사립대학 등에 시설비 · 교육비 · 장학금 또는 연구비로 지출하는 기부금, 대한적십자사 기부금 등 • 필요경비산입 한도액=해당연도의 소득금액－이월결손금
지정 기부금	• 사회복지법인, 인 · 허가받은 장학단체, 문화 · 예술단체, 종교단체, 의료법인, 사내근로복지기금, 불우이웃돕기 성금, 국민체육진흥기금, 아동 · 노인 · 장애인복지시설 기부금 등 • 지정기부금은 다음 산식에 의하여 계산한 금액의 범위 안에서 필요 경비에 산입합니다. 1. 종교단체에 기부한 금액이 있는 경우 지정기부금 범위=㉠+㉡ ㉠ (해당연도 소득금액－기부금 등 합계액)×10/100 ㉡ MIN(ⓐ, ⓑ) ⓐ (해당연도 소득금액－기부금 등 합계액)×20/100 ⓑ 종교단체 외에 지급한 금액 * 기부금 등 합계액=이월결손금, 정치자금기부금, 법정 기부금, 우리사주조합 기부금의 합계액 2. 종교단체에 기부한 금액이 없는 경우 지정기부금의 범위=(해당연도 소득금액－기부금 등 합계액)×30/100

2) 접대비

지출의 상대방이 사업과 관계있는 자들이고, 지출의 목적이 접대 등의 행위로 사업관계자들과의 사이에 친목을 두텁게 하여 거래 관계의 원활한 진행을 도모하는데 지출한 비용을 말합니다.

접대비 세무조사 관점은 개인적 경비의 변칙 계상, 복리후생비에 접대비 성격의 비용이 없는지 조사, 원거리 소재 및 주말 사용분, 한도 내에서 경비가 인정된다는 것입니다. 그리고 사실상 세무조사가 펼쳐지면 경비 대부분은 부인이 되는 계정과목이기도 합니다.

신용카드가 아닌 간이영수증에 대해서는 3만 원 초과분에 대해서는 접대비 인정이 아예 불가능합니다. 다만, 거래처 임직원 등의 경조사비는 청첩장 사본 등을 갖춰두면 건당 20만 원까지 접대비로 인정됩니다.

접대비는 소비성 지출이므로 세법에서는 생산적 사용을 유도하고자 한도를 두고 있습니다. 사업장은 매출액에 따라 중소기업의 범위에 포함된다면 연간 3,600만 원까지 기본한도를 적용받을 수 있고, 매출액에 따른 추가 한도를 적용받을 수 있습니다.

구분	중소기업	일반기업
기본 한도	연간 3,600만 원	연간 1,200만 원
추가 한도	• 수입금액 100억 원 이하: 0.3% • 수입금액 100억 원 초과~500억 원 이하: 3천만 원+(수입금액-100억 원)×0.2% • 수입금액 500억 원 초과: 1억 1천만 원+(수입금액-500억 원)×0.03%	

업무와 관련 없는 접대비는 한도와 무관하게 전부 경비가 불인정됩니다. 항상 업무와 관련성이 있는지를 살펴보아야 합니다. 특히 골프장이나 고급백화점, 고급식당에서의 사용금액은 업무 연관성이 없다고 비칠 수 있습니다.

3) 광고선전비

개인의 사업과 관련된 재화 또는 용역 등의 판매, 공급의 촉진을 위하여 불특정다수인에게 광고선전을 목적으로 지출하는 비용을 말하며, 간접적으로 상품이나 제품의 판매촉진 효과를 달성하기 위한 기업 이미지 제고 목적의 광고 및 홍보를 포함합니다.

광고선전비는 불특정다수인에게는 전액 경비인정되지만, 특정인에게 광고선전 목적으로 기증한 물품은 연간 5만 원 이내만(개당 3만 원 이하는 제외) 경비로 인정받을 수 있습니다.

5만 원이 초과하면 이를 전액 접대비로 보아 접대비 한도만큼만 경비 인정이 된다는 점에 유념하여야 합니다.

↗ 이자 비용

대출은 사업장을 운영하면서 발생하는 자금이 부족할 때 이를 메꿔주는 소중한 제도입니다. 이 대출금에 따른 이자 비용은 실질적으로 절세효과를 가지므로, 절세효과를 반영한 실질이자율은 더 낮아져 활용도에 따라 큰 득이 되기도 합니다.

개업자금에서 살펴보았던 대출금의 이자 비용 절세효과를 참고하면 좋습니다.

세무조사 중점 검증사항

- 사업과 관련 없는 차입금은 인정되지 않으므로 집 담보를 통해 대출받으면 그 용도를 입증하여야 하며, 대출금을 사업과 무관하게 사용하면 이자 비용처리가 되지 않습니다.
- 부채가 자산보다 많게 되면 자산을 초과하는 부분에 해당하는 이자 비용은 비용으로 인정받지 못하게 됩니다.
- 리스장비의 리스료 중 일부도 리스 이자 비용에 해당해 똑같이 적용받습니다.

tip 상품권은 만능?

결론부터 말하면 상품권은 절대 만능이 아니며, 세무조사 시 아주 높은 확률로 경비인정이 되지 않습니다. 상품권은 금융상품이 아니고, 실물이나 일련번호 등을 통해서도 구매자를 확인할 수 없는 경우가 태반이므로, 세무조사 시 상품권을 사업과 관련되게 사용했다는 객관적인 사실관계와 증빙이 있어야지만 그 지출처에 맞게 관련 경비계정으로 인정됩니다.

그러므로 상품권을 사용한다면 1) 지급받은 자의 인적사항, 2) 지급금액, 3) 지급목적 등을 기록하는 문서를 갖추고, 이를 통해 관리 및 소명하여야만 사업에 사용되었다고 인정받을 수 있습니다. 상당히 엄격한 기준이 적용되므로 상품권이 만능이라는 생각은 하지 않는 것이 좋습니다.

06 업무용 승용차 구입부터 처분까지

업무용 승용차 구입

복식부기 의무자가 해당 과세기간에 업무에 사용하지 않는 승용차를 취득하거나 임차하면서 지출한 임차료, 유지하면서 지출한 유류비, 감가상각비 등 업무용 승용차 관련 비용 중 업무용 사용금액에 해당하지 아니하는 금액은 해당 과세기간의 사업소득금액을 계산할 때 필요경비로 인정받을 수 없습니다.

여기서 세법상 '업무용 승용차'란 정원 8명 이하의 자동차를 말하며, 배기량이 1,000cc 이하이면서 길이가 3.6m 이하이고 폭이 1.6m 이하인 것은 제외하고 있습니다. 즉, 경차는 제외되고 있으며 시설대여업에서 사업상 이익을 얻기 위하여 직접 사용하는 승용자동차와 장의 관련 서비스업을 영위하는 사업자가 소유하거나 임차한 운구용 승용차는 제외됩니다.

승용차의 사적 사용에 대한 제재로 2016년부터 도입되고 있는 업무용 승용차 관련 세법에 대해서 명확히 숙지하여 사업장 내 승용차의 사적 사용에 유의하여야 합니다.

업무용 승용차 유지비용 처리법

감가상각비, 임차료, 유류비, 보험료, 수선비, 자동차세, 통행료 및 금융리스 이자 비용 등을 업무용 승용차의 취득 · 유지를 위하여 지출한 비용이라고 합니다.

업무용 승용차 유지비용 중 필요경비로 인정받지 못하는 것을 알기 위해서는 몇 가지 기본 개념을 알아야 합니다.

1) 업무용 사용금액

업무용 사용금액=업무용 승용차 관련 비용×운행기록상 업무사용비율

'업무용' 사용금액 계산식은 업무용 승용차와 관련하여 지출한 비용 중 실제 업무에 사용한 비율만큼을 적용받습니다.

여기서 업무사용비율은 '운행기록에 따라 확인되는 총 주행거리 중 업무용 사용 거리가 차지하는 비율'로 합니다. 업무용 승용차 운행기록 시 업무용 사용 거리란 제조 · 판매시설 등 해당 사업자의 사업장 방문, 거래처 · 대리점 방문, 회의 참석, 판촉 활동, 출 · 퇴근 등 직무와 관련된 업무수행을 위해 주행한 거리를 말합니다.

업무사용비율을 확인하기 위해서 운행기록부는 사업장 내 작성 · 비치하여야 하며, 납세지 관할 세무서장이 요구할 경우 이를 즉시 제출하여야 합니다.

2021년부터는 성실신고확인대상 사업자, 의료업, 수의업, 약사업 및 세무사 등 전문 직군에 따른 사업을 영위하는 사람이 업무용 승용차를 보유하거나 임차한 경우 사업자별로 1대를 제외한 그 외의 업무용 승용차에 대해서는 해당 과세기간의 전체 기간 동안 해당 사업자, 그 직원 등 정하는 사람이 운전하는 경우만 보상하는 '업무전용 자동차보험'에 가입한 경우에만 업무사용비율 금액만큼 적용받을 수 있고, 업무전용 자동차보험에 가입하지 않았으면 업무사용비율 금액의 50%만을 적용받는 세법개정사항이 적용됩니다.

운행기록 등을 아예 작성 · 비치하지 아니한 경우에는 해당 과세기간의 업무용 승용차 관련 비용이 1천 5백만 원을 초과하는 경우 1천 5백만 원을 한도로 경비인정을 적용받기 때문에 관련 비용지출이 많다면 꼭 운행기록부를 작성하는 것이 좋습니다.

마지막으로 2021년 세법개정으로 2022. 1. 1.이후 부터는 업무용 승용차 관련 비용 명세서를 미제출하거나 불성실하게 제출하는 경우 미제출 및 불성실 제출금액의 1%에 대한 가산세가 적용됩니다.

2) 업무용 승용차 감가상각

복식부기 의무자가 업무용 승용차에 대하여 감가상각비를 계산할 때는 정액법에 내용연수를 5년으로 강제 상각하여 계산한 금액을 운행기록상 업무사용비율만큼 적용합니다. 이때 그 감가상각비 금액이 연

8백만 원을 초과한다면 매년 8백만 원을 한도로만 경비로 인정받을 수 있습니다.

해당 과세기간에 8백만 원을 초과하는 경우 그 초과하는 금액은 한도 초과액으로 당해 필요경비로 인정되지 않고 이월하여 추후 감가상각비가 8백만 원에 미달하는 해에 인정받을 수 있습니다.

여기서 임차한 차량의 경우는 '감가상각비 상당액'을 계산하여 운행 기록상 업무사용비율만큼 곱한 금액을 인정받습니다. 리스 차량의 감가 상각비 상당액은 업무용 승용차 임차료에 포함된 보험료, 자동차세 및 수선유지비를 차감한 금액으로 하고, 렌트 차량의 경우는 임차료의 70%로 하고 있습니다.

운행기록 등을 작성 · 비치하지 아니한 경우에는 해당 과세기간의 업무용 승용차 관련 비용이 1천 5백만 원을 초과하는 경우 1천 5백만 원을 한도로 업무용 승용차의 감가상각 계산 시 적용하는 업무사용비율을 계산하여 적용합니다.

↗ 업무용 승용차 처분

복식부기 의무자가 업무용 승용차를 처분하여 발생하는 손실로서 업무용 승용차별로 8백만 원을 초과하는 금액은 해당 과세기간의 다음 과세기간부터 8백만 원을 균등하게 필요경비에 산입하여 경비인정이 가능합니다.

처분 손익에 대한 계산은 매각가액에서 매각 당시 업무용 승용차의 장부가액을 차감한 금액으로 합니다.

↗ 업무용 승용차 절세 방안

그러면 사적 사용을 제한하는 업무용 승용차 비용처리 방식에 대해서 어떻게 접근하는 것이 좋을까요?

① 차량 가격 4천만 원대 이하는 비용부인의 위험이 적습니다. 고가 차량의 경우는 세무조사 시 사적 사용을 엄격히 확인하므로 운행일지 작성을 통해 업무용으로 사용했음을 입증하여야 합니다.

② 사업자의 출퇴근도 업무용으로 사용한 것으로 인정됩니다. 그러므로 실질적인 운행 거리에 대해서 운행일지 기록을 꼼꼼히 작성하는 습관을 길러야 합니다.

③ 차량을 처분해 손실이 발생한 경우에는 연간 8백만 원 범위에서만 필요경비 처리가 됩니다. 한도가 있으므로 고의로 손실을 발생시키는 방법도 경비를 늘릴 수 없다는 것을 인지해야 합니다. 마지막으로 처분 시에도 꼭 적격증빙을 확보해두어야 합니다.

④ 업무용 승용차에 대한 비용규제는 차량마다 적용하므로, 차량 수가 늘어나면 기본한도를 늘릴 수 있습니다. 하지만 성실신고 확인대상 사업자 또는 전문직의 경우는 추가 차량등록 시 꼭 업무전용 자동차 보험에 가입하고 보험적용 대상자만 운전할 수 있다는 점을 명심해야 합니다.

07 세금 줄이기 위해 꼭 챙기자, 각종 공제제도

소득금액이 구해졌다면 이제 '소득공제'를 적용하여 절세하고, 세율을 적용한 산출세액에서 '세액감면 및 세액공제'를 적용하여 절세하여야 합니다.

실무에서 자주 쓰이는 소득공제와 세액공제를 알아보겠습니다.

소득공제

<table>
<tr><th>항목</th><th>구분</th><th>공제
금액 · 한도</th><th colspan="3">공제요건</th></tr>
<tr><td rowspan="6">인적
공제</td><td rowspan="6">기본공제</td><td rowspan="6">1명당
150만 원</td><td>구분</td><td>소득요건</td><td>나이 요건*</td></tr>
<tr><td>본인</td><td>×</td><td>×</td></tr>
<tr><td>배우자</td><td rowspan="4">○
연간 소득 금액
합계액 100만 원
이하
(근로소득만
있는 경우 총급여
500만 원)</td><td>×</td></tr>
<tr><td>직계존속</td><td>만 60세 이상</td></tr>
<tr><td>형제자매</td><td>만 20세 이하
만 60세 이상</td></tr>
<tr><td>직계비속
(입양자 포함)</td><td>만 20세 이하</td></tr>
</table>

<table>
<tr><th>항목</th><th colspan="2">구분</th><th>공제
금액 · 한도</th><th colspan="3">공제요건</th></tr>
<tr><td rowspan="7">인적
공제</td><td colspan="2" rowspan="3">기본공제</td><td rowspan="3">1명당
150만 원</td><td>위탁 아동**</td><td rowspan="2"></td><td>해당 과세기간에
6개월 이상 직접
양육한 위탁 아동</td></tr>
<tr><td>수급자 등</td><td>×</td></tr>
<tr><td colspan="3">*장애인의 경우 나이 요건 적용하지 않음.
**「아동복지법」에 따른 가정위탁을 받아 양육하는 아동</td></tr>
<tr><td rowspan="4">추
가
공
제</td><td>경로
우대</td><td>1명당
100만 원</td><td colspan="3">기본공제대상자 중 만 70세 이상</td></tr>
<tr><td>장애인</td><td>1명당
200만 원</td><td colspan="3">기본공제대상자 중 장애인</td></tr>
<tr><td>부녀자</td><td>50만 원</td><td colspan="3">종합소득금액이 3천만 원 이하인 근로자 본인이
–배우자가 있는 여성인 경우
–배우자가 없는 여성으로서 기본공제대상 부양가족이 있는 세대주</td></tr>
<tr><td>한부모</td><td>100만 원</td><td colspan="3">배우자가 없는 사람으로서 기본공제대상인 직계비속 또는 입양자가 있는 경우(부녀자 공제와 중복적용 배제, 한부모 공제를 우선 적용)</td></tr>
<tr><td colspan="3">연금보험료 공제</td><td>전액</td><td colspan="3">근로자 본인의 국민연금보험료 · 공무원연금법 등에 따라 부담한 부담금 · 기여금</td></tr>
<tr><td>특별
소득
공제</td><td colspan="2">건강 · 고용
보험료</td><td>전액</td><td colspan="3">근로자 본인 명의의 건강보험료 · 고용보험료 · 장기요양보험료(본인 부담분)</td></tr>
<tr><td>그
밖의
소득
공제</td><td colspan="2">소기업 ·
소상공인
공제부금
소득공제</td><td colspan="4">소기업 · 소상공인에 가입한 사업자의 노란우산공제 납입액 공제
–해당 과세연도 사업소득금액 4,000만 원 이하: 500만 원
–해당 과세연도 사업소득금액 4,000만 원 초과 1억 원 이하: 300만 원
–해당 과세연도 사업소득금액 1억 원 초과: 200만 원</td></tr>
</table>

세액감면 및 세액공제

<table>
<tr><th>항목</th><th colspan="2">구분</th><th>공제
금액 · 한도</th><th colspan="2">공제요건</th></tr>
<tr><td rowspan="8">세액감면 · 세액공제</td><td colspan="2">기장세액공제</td><td>100만 원</td><td colspan="2">간편장부 대상자가 복식부기에 의한 장부를 작성하여 종합소득세 신고를 할 경우 산출세액의 20%를 100만 원 한도로 공제</td></tr>
<tr><td rowspan="2">자녀세액공제</td><td>기본공제 대상 자녀(7세 이상)</td><td>–</td><td colspan="2">–1명: 연 15만 원
–2명: 연 30만 원
–3명 이상: 연 30만 원+2명 초과 1명당 30만 원</td></tr>
<tr><td>출산·입양</td><td>–</td><td colspan="2">첫째 30만 원, 둘째 50만 원, 셋째 이상 70만 원</td></tr>
<tr><td rowspan="3">연금저축세액공제</td><td>연금저축</td><td colspan="2" rowspan="3"><table>
<tr><th rowspan="2">종합소득금액</th><th colspan="2">연금저축 세액공제 납부 한도 (퇴직연금 포함)</th><th rowspan="2">공제율</th></tr>
<tr><th>50세 미만</th><th>50세 이상</th></tr>
<tr><td>4천 만 원</td><td rowspan="2">400만 원 (700만 원)</td><td rowspan="2">600만 원 (900만 원)</td><td>15%</td></tr>
<tr><td>1억 원 이하</td><td rowspan="2">12%</td></tr>
<tr><td>1억 원 초과</td><td colspan="2">300만 원(700만 원)</td></tr>
</table></td><td>연금저축계좌 근로자 납입액</td></tr>
<tr><td>퇴직연금</td><td>「근로자퇴직급여 보장법」에 따른 DC형 퇴직연금 · 개인형 퇴직연금 근로자 납입액</td></tr>
<tr><td>과학기술인공제</td><td>「과학기술인공제회법」에 따른 퇴직연금 근로자 납입액</td></tr>
<tr><td colspan="2">창업중소기업 특별세액감면</td><td colspan="3">창업중소기업에 해당하면 소득세에서 다음의 감면율 적용
–수도권과밀억제권역 외 지역에서 창업한 창업중소기업: 5년간 50%
–수도권과밀억제권역 외 지역에서 창업한 청년창업 중소기업: 5년간 100%(수도권과밀억제권역 내인 경우는 50%)</td></tr>
<tr><td colspan="2">고용증대 세액공제</td><td colspan="3">해당 과세연도의 상시근로자 수가 직전 과세연도의 상시근로자 수보다 증가한 경우 다음의 금액을 세액공제 적용
–청년 · 장애인 · 60세 이상 근로자: 증가한 인원 수×중소기업(수도권 내 1,100만 원, 수도권 밖 1,200만 원), 중견기업 800만 원, 대기업 400만 원</td></tr>
</table>

항목	구분	공제요건 및 공제금액 · 한도
세액감면 · 세액공제	고용증대 세액공제	-일반 근로자: 중소기업(수도권 내 700만 원, 수도권 밖 770만 원), 중견기업 450만 원 -사후 관리하여 고용이 감소하는 경우 세액공제 적용 배제 및 공제받은 세액을 소득세로 납부하여야 함.
	성실신고 확인비용에 대한 세액공제	성실신고확인대상 사업자가 성실신고확인서를 제출하는 경우에는 성실신고확인에 직접 사용한 비용의 60%를 120만 원 한도로 공제받을 수 있음.
	연구 및 인력개발비에 대한 세액공제	-연구 및 인력개발비가 발생한 경우 -중소기업=Max(① 직전연도 발생액 초과액×50%, ② 당기 발생액×25%) -비중소기업=①과 ② 중 선택 ① 직전연도 초과액×25%(중견기업 40%) ② 연구 · 인력개발비×Min(2%, 0%+[연구인력개발비/수입금액×0.5]) -신성장 · 원천기술연구개발비=연구개발비×요건에 따라 10~30%

최저한세액 및 농어촌특별세

최저한세액이란, 세액감면이나 세액공제 등으로 납부세액이 없거나 일정 금액에 미달해도 꼭 부담하여야 할 최소한의 조세를 말합니다. 즉, 각종 조세 지원을 적용받은 경우에도 일정액 이상의 조세는 부담하도록 하는 제도입니다.

또한 「조세특례제한법」에 따라 소득공제, 세액공제 및 세액감면을 적용받아서 소득세가 부과되지 아니하거나 경감되는 경우에는 농어촌특별세를 납부하여야 합니다.

08 프리랜서가 챙겨야 할 종합소득세 지식

프리랜서의 사업소득 신고법

프리랜서는 개인으로 물적 시설 없이 근로자를 고용하지 아니하고 독립된 자격으로 용역을 공급하고 대가를 받는 저술, 작곡, 음악, 배우, 성우, 직업운동가, 교정, 번역, 작명 등을 하는 인적 용역자를 말합니다.

프리랜서의 소득은 사업소득 또는 기타소득으로 분류되는데, 실무에서는 대부분 독립적으로 해당업무를 계속 · 반복하여 일한다는 점에서 사업소득으로 처리합니다.

즉, 프리랜서도 사업자이므로 사업자와 똑같이 세법적 의무를 준수해야 합니다. 면세대상에 해당하는 인적용역을 제공한다고 보아 부가가치세의 신고 및 납부는 하지 않아도 되지만, 종합소득세 신고는 매년 필수입니다.

프리랜서는 용역의 대가를 받을 때 3.3%(지방소득세 포함)의 원천징수 세액을 차감하고 잔액을 수령하게 됩니다. 그러므로 300만 원의 용역 제공을 합의한 후 용역을 제공하면 거래처로부터 대가를 받을 때는

290만 원가량만 받게 된 경험들이 이해가 될 것입니다.

대가를 지급하는 사업자가 그 차감된 원천징수세액을 원천세 신고 및 납부하고, 프리랜서 입장에서는 이미 납부한 세금으로 인정받아 1년의 모든 소득을 계산하여 신고하는 종합소득세 계산 시 기납부세액으로 차감받을 수 있으며, 기납부 세액이 종합소득세액보다 크다면 일정 금액 환급도 받을 수 있습니다.

프리랜서도 소득이 높은 경우 추계신고 시 단순경비율을 적용받지 못하게 되면 직접 본인이 지출한 1년간의 용역 제공 관련 비용을 정리하여 장부를 작성한 종합소득세 신고를 하는 것이 유리합니다.

일반적인 프리랜서의 단순경비율은 64.1%이고 기준경비율은 17.3%(2020년 귀속연도 기준)입니다. 단순경비율을 적용받는다면 본인의 경비를 입증하지 않아도 소득의 64.1%를 경비로 인정받지만, 소득이 높아서 단순경비율 적용을 받지 못한다면 본인의 경비를 입증하지 않았을 때 대폭 줄어든 17.3% 밖에 경비로 인정받지 못하기 때문입니다.

그러므로 실질적인 경비 지출액이 기준경비율보다 더 높다면 세무사를 통해 장부를 작성하고 신고하여 본인의 종합소득세를 절세하는 것이 유리합니다.

근로소득도 있으면서 부업의 프리랜서 소득이 있는 경우

월급을 받는 근로소득자이면서 부업으로 프리랜서를 하고 있을 수 있습니다. 이럴 때도 당연히 근로소득과 사업소득을 합산한 종합소득세 신고를 직접 또는 세무대리인을 통해서 해야 합니다. 회사에서 받은 월급은 매년 2월 회사에서 연말정산으로 모든 세금업무를 마무리 받을 수 있지만, 사업소득에 대한 세금신고의무는 본인에게 있기 때문입니다.

연말정산으로 마무리된 본인의 근로소득 원천징수영수증상 소득 및 공제에 사업소득을 더하게 되므로 종합소득세의 세율 및 세액이 변경되게 됩니다. 만약 두 세액을 합쳐서 세금신고를 하지 않게 되면 추후 세무서로부터 소명요청 또는 가산세가 포함된 고지서를 고지받게 됩니다.

참고로 부업을 하기 전 본인이 부업으로 소득을 벌고 있다는 것이 사규 등에 의해 어떤 근로상 제재가 될 수 있는지 '경업' 및 '겸업' 금지 조항을 잘 살펴보고 부업을 하는 것이 좋습니다. 회사에서는 그 부업의 형태를 쉽게 알 수는 없겠지만, 어떤 이유에서든 확인이 되었을 때 근무상 페널티가 생길 수 있습니다.

09 주택임대사업자 A to Z

2018년까지는 주택임대소득이 연 2천만 원 이하라면 과세의무가 없었지만, 2019년부터는 연 2천만 원 이하의 주택임대소득자도 종합소득세 과세대상이 되었습니다. 이로 인해 연 70만 명 이상의 주택임대사업자는 꼭 본인의 면세사업장 현황신고 및 종합소득세 신고를 하여야 합니다. 주택임대사업자의 과세대상 및 과세방식에 대해서 살펴보겠습니다.

내가 과세대상인지부터 확인하자

주택임대소득 과세기준

과세요건(주택 수 기준)		
주택 수[1]	월세	보증금
1주택	비과세[2]	비과세
2주택	과세	비과세
3주택 이상	과세	간주임대료 과세[3]

과세방법(수입금액 기준)	
수입금액	과세방법
2천만 원 이하	종합과세와 분리과세 중 선택
2천만 원 초과	종합과세

1) 소유주택 수는 부부 합산하여 계산
2) 기준시가 9억 원 초과 주택 및 국외소재 주택의 임대소득은 1주택자도 과세
3) 소형주택(주거 전용면적 40㎡ 이하이면서 기준시가가 2억 원 이하)은 간주임대료 과세대상 주택에서 제외('23년 귀속분까지)

주택임대소득이 발생한다고 모두 세금을 내야 하는 것은 아닙니다. 과세요건에 해당하지 않는다면 비과세가 되기 때문에 먼저 과세대상인지부터 확인하여야 합니다.

먼저, 세대구성원의 주택 수가 몇 채인지 확인하여 과세 여부를 파악해야 합니다. 세대구성원이 부부라고 가정하면 부부의 주택 수가 1채이고, 이 1채를 월세로 임대 중이라고 한다면 주택의 기준시가가 얼마인지 확인해보아야 합니다.

주택의 기준시가는 국토교통부에서 제공하는 '부동산 공시가격 알리미' 사이트 등에서 쉽게 확인 가능합니다. 월세 임대 중인 주택의 기준시가가 9억 원이 넘는다면 해당 월세소득은 과세가 되고, 9억 원 이하라면 비과세 됩니다.

2주택부터는 모든 월세는 과세가 되며, 3주택 이상자는 임대보증금에 대한 '간주임대료'도 일정 기준에 맞으면 과세가 됩니다. 간주임대료란 임대사업자가 월세 이외에 전세 또는 월세 보증금으로부터 버는 수익을 일컫는 말로, 보증금에 일정 이율을 곱하여 계산한 금액을 소득금액 및 과세표준에 합산합니다.

↗ 어떤 방법으로 과세가 되나?

이렇게 본인의 임대주택에 대한 임대소득이 과세라고 확인된다면, 어떤 방법으로 과세가 되는지 알아보겠습니다.

먼저, 주택임대소득이 연 2천만 원 이하면 2가지 방법 중 하나를 선택할 수 있습니다.

> ① 15.4%(지방소득세 포함)의 세율로 분리과세
> ② 종합과세

본인의 다른 소득과 합쳐서 종합과세가 유리한지 아니면 임대소득만 따로 분리하여 15.4%(지방소득세 포함)만 낼 것인지 유리한 방식을 찾아서 신고하는 것입니다.

분리과세 신고 시 만일 세무서와 지방자치단체에 모두 주택임대사업자를 등록했다면 다음의 세제상 혜택을 볼 수 있습니다.

세무서와 지방자치단체 모두 등록 시 임대소득세 혜택

ㅁ 임대소득세 혜택 및 요건

• 총수입금액 2천만 원 이하 자 분리과세 선택 시 필요경비 및 기본공제

구분		세무서와 지방자치단체 모두 등록(①)	① 이외의 경우
혜택	필요경비율	**60%**	50%
	기본공제*	**4백만 원**	2백만 원
요건		아래 요건 **모두 충족** 가. 세무서와 지방자치단체 **모두 등록** 나. 임대보증금 · 임대료의 **연 증가율이 5% 초과하지 않을 것**	

*기본공제 4백만 원 또는 2백만 원은 다른 종합소득금액이 2천만 원 이하인 경우 적용

• 소형주택 임대사업자 세액감면(총수입금액 규모와 무관)

구분	세무서와 지방자치단체 모두 등록(①)	① 이외의 경우
감면율	• 1호 임대: 30%(장기일반민간임대주택 등은 75%) • 2호 이상 임대: 20%(장기일반민간임대주택 등은 50%)	–
요건	아래 요건 **모두 충족** 가. 세무서와 지방자치단체 **모두 등록** 나. **국민주택규모** 주택일 것 다. 임대개시일 당시 **기준시가가 6억 원을 초과하지 않을 것** 라. 임대보증금 · 임대료의 **연 증가율이 5% 초과하지 않을 것** 마. **4년(장기일반민간임대주택 등은 8년)** 이상 **임대**	

ㅁ 임대소득세 계산사례(총수입금액 2천만 원, 분리과세 선택)

구분	세무서와 지방자치단체 모두 등록(①)		① 이외의 경우
	장기(8년 이상)	단기(4년 이상)	
총수입금액	2,000만 원	2,000만 원	2,000만 원
필요경비 (–)	1,200만 원 (60%)	1,200만 원 (60%)	1,000만 원 (50%)
기본공제 (–)	400만 원	400만 원	200만 원
과세표준 (=)	400만 원	400만 원	800만 원
세율 (×)	14%	14%	14%
산출세액 (=)	56만 원	56만 원	112만 원
세액감면 (–)	42만 원 (75%)	16.8만 원 (30%)	0원
결정세액 (=)	**14만 원**	**39.2만 원**	**112만 원**

* 주택임대소득 외의 다른 종합소득금액은 2천만 원 이하이며, 세무서와 지방자치단체 모두 등록한 경우로서 필요경비와 기본공제 혜택요건 및 감면요건 충족하는 경우로 가정

그러나 최근 임대주택에 대한 세제상 혜택이 과도하다는 정부의 의견이 반영되어 2020년 8월 단기민간임대주택(4년 의무임대) 및 아파트 장기일반매입임대주택(8년 의무임대) 유형이 폐지되었습니다. 그러므로 주택 유형과 임대주택 유형에 따라 지방자치단체에 주택임대사업자를 등록할 수 없어 임대소득에 대한 세제 혜택을 적용받고자 하여도 적용받지 못합니다.

주택임대소득 추가사항

주택임대사업자는 임대개시일로부터 20일 이내에 사업장 관할 세무서에 사업자등록 신청을 하여야 합니다. 사업자등록을 하지 않으면 임대개시일부터 신청 직전일까지 수입금액의 0.2%에 해당하는 가산세가 부과됩니다.

또한, 매년 2월 10일까지 전년도 주택임대 실적분 수입금액과 임대물건의 소재지, 계약 조건 등 면세사업장 현황신고를 사업장 관할 세무서에 신고하여야 합니다.

면세사업장 현황신고를 통해 파악된 소득은 매년 5월 종합소득세 신고 시 국세청에서 제공하는 간편 신고 서비스를 통해 받게 되며, 사업장 현황신고를 하지 않으면 수입금액 결정을 위한 현장 확인대상자로 선정될 수도 있습니다.

↗ 주택임대소득 세무조사 사례

주택임대소득 탈루 유형은 어느 정도 유형이 정해져 있습니다. 이에 대해서 국세청도 대부분 이미 파악하고 있으며, 주기적인 세무조사를 통해 세금을 추징하고 있습니다.

다음의 세무조사 사례를 살펴보고, 혹시 본인이 불성실한 신고를 하고 있는지 확인해보는 시간이 필요합니다. 탈루 사실이 명백하고 탈루 규모가 큰 것으로 확인되면 세무조사로 전환되는 것은 시간문제이기 때문입니다.

이 밖에 주택임대소득에 대해서 국세청은 국토교통부와 대법원 등 관련 부처의 주택 임대차 정보를 종합하여 연계 분석할 수 있습니다. 즉, 내가 세금신고를 하지 않아도 다른 기관의 정보로 얼마든지 나의 임대소득이 포착될 수 있다는 것을 알고 있어야 합니다.

주택임대 탈루 유형 및 세금 추가 징수 사례

사례 ① 다수의 주택 임대하고 임대소득 전액 신고 누락

- 다수의 고가주택을 보유하면서 외국 대사관 및 직원 사택 등으로 임대하고 고액의 월세 임대수입금액을 전액 신고 누락한 사실을 확인하고 소득세 추가 징수

사례 ② 친인척 명의로 소득금액을 분산하고 임대소득 신고 누락

- 대표자 본인과 가족 등 친인척 명의로 사업자등록을 하여 소득금액을 분산하고, 원룸형 주택 수십 채를 증빙자료를 요구하지 않는 청년 등에게 임대하면서 수입금액을 누락한 사실을 확인하고 소득세 추가 징수

사례 ③ 허위 인건비 계상하여 소득금액 축소 신고

- 근무하지 않은 친인척 관계에 있는 국외 체류자와 사망자 등에게 급여 등을 지급한 것처럼 허위의 인건비를 신고해 수년간 소득금액 축소 신고한 사실을 확인하고 소득세 추가 징수

사례 ④ 미분양 주택임대소득 신고 누락

- 주택신축판매업자가 다가구주택 신축 후 미분양주택은 분양 시까지 임대하면서 수입금액을 누락한 사실을 확인하고 소득세 추가 징수

사례 ⑤ 관리비 등의 납부 확인을 통해 임대소득 누락 확인

- 임대사실을 부인하는 사업자에게 아파트 관리비 및 장기수선충당금 납부 내역을 확인하여 임대소득 누락한 사실을 시인 받고 소득세 추가 징수

010 부동산매매업자의 토지 등 매매차익 예정신고와 납부

부동산매매업자는 토지 또는 건물의 매매차익과 그 세액을 매매일이 속하는 달의 말일부터 2개월이 되는 날까지 신고하여야 합니다. 토지 등의 매매차익이 없거나 매매 차손이 발생하였을 때도 같습니다. 이는 일반적인 사업소득자는 개별적인 예정신고의무가 없는데 반해, 부동산 매매업자만 예정신고 의무를 별도로 두고 있는 신고제도입니다.

토지 등 매매차익 예정신고대상 부동산매매업은 한국표준산업 분류상의 비주거용 건물건설업 및 부동산 개발 및 공급업을 말합니다. 주거용 개발 및 공급업은 제외하지만, 구입한 주거용 건물을 재판매한 경우는 포함됩니다.

토지 등 매매차익은 확정 신고 시에는 사업소득 계산방식으로 계산하지만, 예정신고 시에는 양도소득세 양도차익 계산방식을 준용하여 계산합니다. 이때 장기보유특별공제는 명시적으로 공제하도록 규정하고 있는데 반해, 양도소득 기본공제는 적용되지 않습니다. 적용세율 역시 비사업용토지와 같이 중과세 대상 부동산의 경우에는 중과세율을 적용합니다.

양도소득세율을 적용하여 예정 신고하여도 또다시 종합소득 기본세율을 적용하여 확정 신고하여야 합니다. 그러나 양도 대상물이 비사업용토지, 조정대상지역 분양권, 미등기 양도자산, 중과대상이 되는 주택이면 종합소득 산출세액은 종합소득세율에 의한 산출세액과 양도소득세율에 의한 산출세액 중 많은 것을 적용합니다.

확정 신고 산출세액 계산방법=Max(①, ②)

① 종합소득 산출세액=종합소득 과세표준×종합소득세율

② [(주택매매차익−양도소득 기본공제)×양도소득세율)]+[(종합소득 과세표준−주택매매차익)×종합소득세율]

최근 부동산 규제로 인해 다주택 소유자 및 비사업용토지에 대하여 양도소득세를 중과하여 투기를 막고 부동산 가격을 안정화하기 위해 노력 중입니다.

이를 악용하고자 중과대상 주택을 다량 보유한 자 및 비사업용 토지주가 부동산매매업자로 등록하여 양도소득세율보다 낮은 종합소득세율을 적용받아 양도소득세의 중과제도를 회피하는 사례를 방지하고 부동산매매업자와 일반 양도자의 과세 형평을 도모하기 위해 주택매매 및 비사업용토지에 대해서는 양도소득세율을 적용하여 비교 과세하도록 세법을 개정한 것입니다.

PART 6

3시간에 끝장내는
초보사장 창업세금

세무조사 지식

01 세무조사 선정방식과 절차

세무조사는 세무공무원이 국세의 과세표준과 세액을 결정 또는 경정하기 위하여 질문하거나 해당 장부 · 서류 또는 그 밖의 물건을 검사 · 조사하거나 그 제출을 명하는 것(조세범칙조사 포함)을 말합니다.

세무조사는 사업장을 경영하면서 절대 경험하지 말아야 할 것 중 하나입니다. 국세청의 세무조사가 되지 않게 평소에 장부작성과 신고를 명료하게 하는 것이 중요하지만, 예상치 못한 세무조사가 펼쳐질 수도 있습니다. 세무조사가 펼쳐졌을 때 발만 동동 구를 것이 아니라, 미리 세무조사에 대해서 알아두어야 합니다.

↗ 세무조사 선정방식

1) 신고자료 데이터베이스 분석

국세청은 매년 신고되는 모든 사업자의 종합소득세 신고자료를 통해 매출총이익률, 영업이익률, 당기순이익률 등 다양한 정보를 데이터

베이스로 관리하고 있습니다.

소득 및 소비에 대해서는 원천징수되는 모든 종류의 소득, 세금계산서, 신용카드 매출내역 및 사용실적, POS 시스템에 의한 매출, 최근에 사용이 활발했던 제로페이 실적, 매입 자료 일체, 연말정산 간소화에 의한 자료 등을 파악하고 있으며, 자산 및 부채에 대해서는 부동산의 취득 및 보유현황을 파악하여 상속세, 증여세, 양도소득세원을 찾아내고 부동산 임대현황, 주식 취득 및 보유현황도 파악하고 있습니다.

이 데이터베이스를 통해 성실도를 분석하여 성실도 하위 순으로 세무조사 대상자를 선정하고 업종별, 그룹별, 규모별로 선정비율을 부여해 객관적인 기준에 의해서 조사 대상자를 선정합니다. 즉, 데이터 베이스를 기반으로 국세청에서는 동종업종 대비 소득률이 저조한 납세자, 동종업종 대비 매출총이익률이 과소해 매출 누락이 의심되는 납세자를 추려 냅니다. 또 동종업종 대비 특정 판매관리비 지출이 과도해 해당 판매관리비가 대표자의 사적 사용 또는 접대비로 의심되는 납세자 등 다양한 탈세 혐의자를 선정해 신고내용에 조세 포탈이 없는지 사후검증을 진행합니다.

예를 들어, 사업장에서 주력 사업의 어려움으로 인해 특정 사업부문을 업무 중단하여 매출의 큰 하락을 가져가게 되면 국세청에서는 즉시 매출의 큰 변동이 매출 탈루로 인해 발생한 것인지 의심하여 세무조사가 발생할 수도 있습니다.

이러한 국세청 정보를 납세자는 모든 세금신고 전에 신고 도움 서비스 안내문을 통해서 간접적으로 접할 수 있습니다. 국세청의 자료가 정보화 사업을 통해 전산화가 이뤄지고, 국세 행정 통합시스템이 구축됨에 따라 성실신고를 유도하는 제도입니다.

종합소득세 신고 도움 서비스 안내문에는 연도별 신고사항, 신고 시 참고할 자료, 업종별 신고 시 유의사항, 맞춤형 안내사항 등이 적혀있어 본인의 사업구조에 대한 간단한 경영진단을 받을 수 있습니다.

나아가 해당 사항을 국세청은 명확히 파악하고 있다는 점을 간과해서는 안 됩니다. 실제로 국세청 정보망은 세계적인 수준으로 촘촘한 정보망을 토대로 제공되는 종합소득세 신고 도움 서비스로 인해 납세자에게 성실신고를 유도하여 실질적인 자진납세액이 상당히 높아졌습니다. 항상 신고 전에 국세청의 신고 안내문에 본인 사업장의 특이점이 기록된 바는 없는지 확인하여 불성실신고혐의 부분에 대해 엄격한 보완 및 수정을 통해 다시는 관련 사항이 불거지는 일이 없도록 하여야 합니다.

2) 탈세 제보

내부직원이 탈세 제보를 통해 거액의 탈세 제보 보상금을 받았다는 뉴스를 한 번쯤 접해보았을 것입니다. 이렇게 지하경제의 양성화를 목적으로 국세청에서는 탈세 제보를 꾸준히 권장하고 있습니다. 탈세 제보 포상금이 최대 1억 원에서 최근에는 최대 40억 원까지 증대가 되었다는 점이 이를 뒷받침합니다. 탈세 제보 포상금을 대폭 인상해 나의 탈세 사실을 직원 또는 지인이 제보할 수 있다는 경각심을 일으켜 성실신고 분위기를 조성하고 있습니다.

하지만 탈세 제보 포상금만을 노려서 심정에 의한 탈세 제보를 하면 탈세 보상금을 받을 수 없습니다. 이는 탈세 제보에 따른 회계장부 등의 정보가 탈세 추징의 직접적 근거가 되지 않는다면 탈세 제보에 따른 포상금이 지급되지 않기 때문입니다. 즉, 명확한 탈세 제보에 대해서만 탈세 포상금을 받을 수 있다는 점을 알아야 합니다.

그러나 사업자는 포상금과는 별개로 탈세 제보에 의한 세무조사가 시작되고, 탈세 제보자에게 세무조사의 진행 상황을 안내해주기 위해 모든 세무조사 절차를 엄격히 집행하게 됩니다. 고객 서비스의 시작은 내부고객인 직원으로부터 시작됩니다. 항상 내부직원과의 관계를 맺는 데 있어서 더 신중하여야 하고, 세법상 탈세의 추정이 전혀 없더라도 매출과 매입 관련한 정보는 신뢰를 주는 특정 직원에게만 공개하는 것이 사업 운영에서의 스트레스를 줄이는 방법입니다.

3) PCI 시스템

국세청은 납세자에 의한 소득이나 이익의 의도적인 누락을 적발하여 세금을 추징하기 위해 그동안 확보한 납세자의 재산 현황, 소비수준, 신고 내역을 통합 · 분석하고 결과를 추출하는 PCI 시스템(Property, Consumption and Income Analysis System; 소득 지출 분석시스템)을 활용하고 있습니다. 이는 "재산증가액(P)+소비 지출액(C)−신고소득(I)=탈루혐의액"이라는 명료한 전제를 활용하여 탈루 세액을 쉽게 찾아낼 수 있는 대표적인 조사방법입니다.

예를 들어 과거 5년간 국세청 신고소득은 4억 원인데 반해 지난 5년간 재산증가액과 소비 지출액이 각각 7억 원과 3억 원으로 그 합이 10억 원이라고 가정하면, 차액인 6억 원은 탈루소득 또는 증여로 의심되어 세무조사 대상자로 선정될 수 있습니다. 이처럼 일정기간 재산증가와 소비지출의 합계액이 최근 5년 동안 신고된 소득의 합계액보다 크면,

그 차액은 신고 누락된 소득 또는 증여로 추정하여 소명 요구를 받게 됩니다.

↗ 세무조사 절차

1) 조사 대상자 선정

국세청에서는 기존 신고내용을 토대로 성실 신고도를 측정하여 일차적 리스트를 작성합니다. 이후 국세청 전산실은 본청 기준에 따라 영세 성실사업자를 조사 대상에서 배제하는 등의 선별과정을 거쳐 지방 국세청에 통보합니다.

2) 조사계획 수립

관할 세무서는 조사 대상 과세기간, 조사반의 편성 및 운영, 조사 기간, 조사방법, 통합조사의 실시 등 조사계획을 수립합니다. 조사 대상 과세기간은 일반 조사자는 최소한의 범위, 범칙 조사자는 통상 5년(사기 등은 10년)으로 설정합니다.

3) 세무조사 사전통지

세무조사 15일 전에 조사 대상 세목, 조사 기간, 과세기간 및 조사 사유, 그 밖의 사항 등을 통지하게 됩니다. 세무조사 통지를 받으면 장부 · 증빙 등 각종 서류에 대해 보완을 하는 것이 좋습니다. 특히 오해의 소지가 있는 불필요한 자료는 반드시 보완을 해두는 것이 필요합니다.

개인적인 사정이 있어 도저히 세무조사를 받을 수 있는 상황이 아니라면 세무조사 연기 가능 여부를 세무사를 통해 확인하여 조사 연기신청을 하는 방법도 있습니다.

세무조사 연기 사유

① 화재, 그 밖의 재해로 사업상 심각한 어려움이 있을 때

② 납세자 또는 납세관리인의 질병·장기출장 등으로 세무조사가 곤란하다고 판단될 때

③ 권한 있는 기관에 장부, 증거서류가 압수되거나 영치되었을 때

④ 제1호부터 제3호까지의 규정에 준하는 사유가 있을 때

예외적으로 「조세범 처벌법」에 따른 조세범칙조사, 사전에 세무조사 통지 시 탈루혐의 입증에 필요한 명백하고 구체적인 자료가 인멸될 우려가 있는 경우 등 조사 목적을 달성할 수 없다고 인정되는 경우에는 세무조사 사전통지를 생략할 수 있습니다.

4) 세무조사의 시작 및 진행

조사공무원은 조사 사유, 조사 기간, 권리구제 절차 등 필요한 사항을 납세자에게 상세히 설명하고, 납세자 권리헌장의 교부 및 낭독과 청렴 서약서를 작성하고 세무대리인의 조력을 받을 수 있음을 안내하고 세무조사를 시작합니다.

조사 기간은 보통 20일 이내로 진행되며, 자료제출 요구 시에는 이로 인한 세 부담의 여부 및 의도를 파악해 대처해야 합니다. 그러므로

세무사의 조력이 무엇보다 필요한 상황입니다. 또한, 조사공무원과의 세법상 해석 차이에 의한 의견이 엇갈리는 부분에 대해서는 그에 대한 근거자료를 서면으로 작성하는 것이 좋습니다.

5) 세무조사의 종결

조사공무원은 조사관서장에게 종결보고를 하고 조사관서장이 결정하며, 조사공무원은 납세자에게 조사결과를 구체적으로 설명하고 납세자의 권리구제방법을 안내합니다.

6) 조사결과의 통지

조사 기간이 종료한 날로부터 20일 이내에 세무조사결과를 납세자에게 통지합니다. 조기 결정을 신청하면 추징세금을 앞당겨 낼 수 있으며, 약간의 가산세가 줄어드는 이점이 있습니다.

추징세금을 납부할 자금이 부족한 경우에는 징수유예를 신청하는 것도 생각해 볼 필요가 있습니다. 징수유예 사유에 해당하면 최대 9개월까지 납부유예를 신청할 수 있습니다.

반대로 조사결과 통지서에 이의가 있는 경우에는 과세전적부심사청구제도를 이용할 수 있습니다. 과세전적부심사청구 결과가 '불채택'의 결정을 받으면 납세자는 이의신청 · 심사청구 · 심판청구를 통한 조세불복을 진행할 수 있으며, 조세 불복을 통해서도 이의 사항에 대한 반영이 없다면 행정소송의 절차를 밟을 수 있습니다.

tip 차명계좌 탈세 제보

국세청에서는 2013년도부터 거래 과정 중 발견한 사업자의 차명계좌를 국세청에 신고하는 경우 일정 기준에 따라 포상금을 지급하고 있습니다. 국세청에서 차명계좌 사용을 확인하기 위한 가장 중요한 정보는 차명계좌 사용자의 인적사항과 계좌번호입니다. 이 두 가지가 불분명하다면 신고자가 신고한 사항에 대해 국세청에서 확인하기가 굉장히 어렵습니다.

물론 차명계좌 신고를 하였다고 하여 모든 신고분에 대해 포상금이 지급되는 것은 아닙니다. 차명계좌 신고대상은 법인사업자 또는 복식부기 의무가 있는 개인사업자가 타인 명의로 보유 또는 사용하고 있는 금융 자산을 신고 대상으로 하며, 해당 차명계좌에서 탈루한 세액이 1천만 원 이상 추징되는 경우 신고연도 기준 연간 5천만 원을 한도로 신고계좌 건당 1백만 원의 포상금을 지급합니다.

그러나 포상금 지급과 별개로 차명계좌 신고가 들어오면 세금 탈루 목적이라는 의도라고 보고 바로 세무조사 대상자로 선정될 수 있습니다. 이는 차명계좌 사용이 고의가 아니었더라도 마찬가지입니다. 우선 차명계좌의 입금 내역을 소명요청하겠지만 이를 소명하지 못한다면 매출 누락 등에 따른 세무조사로 그동안 매출이 있었을 것이라고 확인되는 최대 10년 동안의 금융거래명세 조사가 시행될 수 있습니다.

여기에 차명계좌로 입금된 매출 내역의 현금영수증 발급도 되어있지 않다고 한다면, 현금영수증 미발급가산세부터 본세 및 신고불성실 · 납부지연가산세 등 원 세액의 100%가 넘는 세액이 추징될 수도 있으니 차명계좌는 절대 사용하지 않는 것이 좋습니다.

02 세무조사 Q&A

세무조사에 대한 Q&A를 살펴보면서 세무조사에 대한 기본정보를 익혀보겠습니다.

1) 한 해에 세무조사를 얼마나 하나요?

- 2019년 기준 법인사업자 세무조사: 4,602개 법인, 전체 법인사업자 중 0.56% 가량, 부과 세액 4조 4,590억 원
- 2019년 기준 개인사업자 세무조사: 개인 4,662명, 전체 개인사업자 중 0.067% 가량, 부과 세액 1조 6,231억 원, 대부분이 성실 사업자와 고소득 전문직에 편중

2) 모범납세자는 세무조사 선정에서 제외되는 것이 맞나요?

국세청에서 운영하는 모범납세자 우대 제도는 선발원칙과 기준을 가지고 있습니다. 물론 대상자 중 체납액이 있거나 신용카드 및 현금영수증 미가맹 또는 발급 거부 사업자 및 조세범으로 처벌받은 사업자는

제외가 됩니다.

모범납세자 선발원칙은 성실신고납부로 국가재정에 기여한 자, 일자리 창출 · 산업 발전 등 국가 경제력 강화에 기여한 자, 지속적으로 사회에 공헌한 자, 거래질서가 건전한 사업자, 적은 수입으로도 자기 몫의 세금을 성실하게 내는 소상공인이며, 개인사업자의 선발기준은 소득세 5백만 원 이상인 사업자를 말합니다.

모범납세자로 선정되어 국세청장 표창 이상의 수상을 하는 자는 3년, 지방국세청장과 세무서장 표창 수상자는 2년간 세무조사 유예를 적용받습니다. 그 외 모범납세자 표창을 수상하면 정기 세무조사 착수시기 선택, 징수유예, 납기연장 및 체납처분유예 시 납세담보 면제 등의 혜택을 받을 수 있습니다.

업종별 수입금액이 일정 금액 이하인 소규모 성실 사업자에 대해서는 세무조사를 받지 않고 생업에 전념할 수 있도록 세무조사를 면제하는 제도도 있으며, '일자리 으뜸기업' 등 일자리의 양과 질을 앞장서 개선한 기업으로 선정되면 세무조사 유예를 적용받을 수 있습니다.

3) 국세청에서 내 금융거래내역을 조회하나요?

「금융실명법」 제4조에 "조세에 관한 법률에 따라 제출의무가 있는 과세자료 등의 제공과 소관 관서의 장이 상속 · 증여 재산의 확인, 조세탈루의 혐의를 인정할 만한 명백한 자료의 확인, 체납자의 재산조회, 「국세징수법」 제14조 제1항 각호의 어느 하나에 해당하는 사유로 조세에 관한 법률에 따른 질문 · 조사를 위하여 필요로 하는 거래정보 등의 제공은 그 사용 목적에 필요한 최소한의 범위에서 거래정보 등을 제공할 수 있다"고 명시되어 있습니다. 즉, 필요에 따라서는 금융거래내역을 조회할 수 있습니다.

4) 고액현금거래보고 및 의심거래보고제도는 무엇인가요?

고액현금거래보고제도는 1일 거래 동안 1천만 원 이상의 현금을 입·출금한 경우 거래자의 신원과 거래일시 금액 등 사실을 금융회사가 금융정보분석원에 보고하는 제도입니다. 의심거래보고제도는 990만 원 인출을 계속·반복적으로 하는 경우 등 의심사례를 보고하는 제도입니다.

5) 세무조사 받으면 구속되나요?

대부분은 세무조사 후 일정액의 세금을 부과하는 선에서 마무리되며, 고의·악의적인 탈세의 경우 「조세범 처벌법」에 따라 검찰에 고발될 수 있습니다.

신고수입금액	조세포탈 혐의금액	조세포탈 혐의비율
100억 원 이상	20억 원 이상	15% 이상
50억 원~100억 원	15억 원 이상	20% 이상
20억 원~50억 원	10억 원 이상	25% 이상
20억 원 미만	5억 원 이상	-

위 표에 나오는 선정기준에 해당하거나, 조세포탈 예상세액이 연간 5억 원 이상이면 조세범칙조사 대상자로 선정될 수 있습니다.

여기서 주의할 점은 위 표는 하나의 기준점으로만 삼아야 한다는 것입니다. 국세청이 고발할 수 있는 금액은 1억 원도 가능하지만, 실무에서는 「조세범 처벌법」에 나온 가중처벌금액에 해당하는 경우에만 고발 조치를 하는 방향으로 납세자 처지에서 조세 행정을 펼치고 있습니다.

6) 교차 세무조사란?

교차 세무조사는 기업이 소재한 관할 지방청 대신 다른 관할 지방청에서 세무조사를 담당하는 개념으로, 지역에 연고를 둔 기업 등에 대해 유착 소지를 미리 차단해 공정하고 엄정한 세무조사를 하기 위해 실시하는 제도입니다. 주로 수입금액 2천억 원 이상의 통합조사 사항에만 적용됩니다.

7) 세무조사는 5년마다 나온다?

그렇지 않습니다. 동종업계의 평균 소득률보다 현저히 떨어지거나 소득에 맞지 않게 큰 액수의 부채를 상환하는 등의 세무조사 사유가 발생한다면 조사 대상자가 되며, 조사 이후 얼마 지나지 않아 다시 세무조사가 나오는 때도 있습니다.

8) 세무조사 기간의 연장과 범위의 확대가 안 되려면 어떻게 해야 하나요?

최대한 세무조사 기간의 연장과 범위의 확대가 되지 않도록 노력하는 것이 세무조사 시 추징세액을 줄이는 전략이 됩니다. 물론 두 가지 사안은 법에 규정된 일정 사유에 해당하여야 가능합니다.

세무조사 기간 연장 사유

① 납세자가 장부 · 서류 등을 은닉하거나 제출을 지연하거나 거부하는 등 조사를 기피하는 행위가 명백한 경우

② 거래처 조사, 거래처 현지 확인 또는 금융거래 현지 확인이 필요한 경우

③ 세금탈루 혐의가 포착되거나 조사과정에서 조사유형이 「조세범 처벌절차법」에 따른 조세범칙조사로 전환되는 경우

④ 천재지변이나 노동쟁의로 조사가 중단되는 경우

⑤ 납세자보호관 또는 담당관이 세금탈루혐의와 관련하여 추가적인 사실 확인이 필요하다고 인정하는 경우

⑥ 세금탈루 혐의에 대한 해명 등을 위해 조사대상자가 세무조사 기간의 연장을 신청하는 경우로서 담당관 등이 이를 인정하는 경우

세무조사 범위 확대 사유

① 다른 과세기간 · 세목 또는 항목에 대한 구체적인 세금탈루 증거자료가 확인되어 다른 과세기간 · 세목 또는 항목에 대한 조사가 필요한 경우

② 명백한 세금탈루 혐의 또는 세법 적용 착오 등이 있는 조사대상 과세기간의 특정 항목이 다른 과세기간에도 있어 동일하거나 유사한 세금탈루 혐의 또는 세법 적용 착오 등이 있을 것으로 의심되어 다른 과세기간의 그 항목에 대한 조사가 필요한 경우

03 세무조사 대응 TIP

↗ 세원관리와 세무조사의 차이를 구별하자

납세자 관점에서는 세무서에서 자료요청을 받거나 신고내용에 대해 소명을 요청받게 된다면, 이것이 세원관리인지 세무조사인지 판단하기 어려울 수 있습니다.

납세자가 현장 확인, 세원분석, 기획점검, 자료처리, 사후관리 등의 원인으로 해명요청을 받으면 세원관리로 분류하여 세무조사로 보지 않습니다. 반면, 납세자가 세무서로부터 정식으로 세무조사 사전통지서(납세자권리헌장)를 받는 경우가 세무조사로 분류됩니다. 세무조사의 경우 조사관이 주로 사업장을 방문하여 통지서를 전달합니다.

그렇다면 세원관리와 세무조사의 차이는 어떻게 될까요?

세원관리와 세무조사는 납세자가 신고한 내역에 대해 자세히 검토한다는 측면에서는 공통점이 있습니다, 하지만 담당 조사관의 업무 재량 범위에 차이가 있습니다.

세원관리의 경우에는 담당 조사관의 업무 권한에 다소 한계가 있으며, 세무조사의 경우에는 담당 조사관의 업무 권한 범위가 넓습니다. 그러므로 세무서에서 자료제출이나 해명안내 등의 요청이 온 경우에는 이것이 정확히 세원관리(현장 확인, 세원분석, 기획점검, 자료처리, 사후관리 등) 중 하나인지 아니면 세무조사인지 판단하는 것이 우선순위입니다. 그리하여 그에 따른 현명한 대응을 하는 것이 납세자의 권리를 지키는 방안입니다.

납세자 관점에서 세무조사를 받게 되면 일단 혼란에 빠지게 됩니다. 일부 착오로 세무상 잘못 신고한 것이 있는지, 세금이 얼마나 많이 나올지 등등 많은 걱정을 하게 되는데, 이때에는 조사관이 정확히 어떤 의도로 세무조사에 착수한 것인지 파악하는 것이 중요합니다.

세무조사에 착수한 공무원의 입장은 크게 4가지로 나누어집니다.

① 명확한 조세회피 혐의와 증빙을 이미 확보한 경우

② 조세회피 혐의에 대한 심증은 있으나 증빙이 없는 경우

③ 신고내용에 대해 일부 오해가 발생하여 조세회피 혐의를 의심하는 경우

④ 단순한 조사 자료가 발생하여 세무조사에 착수하는 경우

각각의 사례에 따라 적합한 방법으로 세무조사에 대응하는 것이 바람직하며, 납세자는 억울한 일을 당하지 않도록 담당 세무사와 유기적인 소통을 하는 것이 필요합니다.

↗ 사실판단 전달하기

일부 세법상 이슈에서는 담당 조사관의 사실판단 문제가 발생합니다. 세법상 사실판단을 굳이 설명하자면, '세법상 행위나 사건에 대해 종합적인 검토를 통해 판단하라'는 것으로 간략하게 칭할 수 있습니다. 즉, 이는 조사관 개인의 견해나 생각이 해당 사건 종결 결과에 영향을 미칠 수 있음을 의미합니다.

예를 들어 대표자가 종종 저녁을 사업용 카드로 비싼 식당에서 식사를 했다면 담당 조사관으로부터 사적인 사용으로 의심받을 수 있습니다. 그리하여 해당 비용을 부인하고 수정신고를 하도록 요청받을 수 있습니다. 하지만 예외적으로 회사 근처에서 직원들과 평일 저녁에 식사했다는 사실이 증빙된다면 이는 사업용 사용으로 인정받을 수 있습니다.

이처럼 사실판단이라는 것은 전반적인 상황과 관련 증빙을 통하여 결론을 내리게 되는 것이므로, 주관적인 견해도 결과에 일부 영향을 미칠 수 있는 영역입니다. 그러므로 사실판단의 문제가 발생하면 세무조사 경험이 있는 세무사는 관련 증빙을 최대한 확보하고 납세자의 상황을 조사관에게 객관화하여 전달하는 능력이 뛰어납니다.

↗ 세무조사 소명의 중요성

조사관이 조사 착수 후에 이슈에 대해 해명요청을 한 경우에는 적정하게 해명을 하는 것이 필요합니다. 납세자로서는 친절하고 상냥한 세무사가 능력이 있는 세무사로 오인할 수도 있습니다. 물론 친절하고 상냥한 것도 세무사의 능력으로 볼 수 있습니다만, 세무서에서 자료요청이나 해명안내를 받으면 조사관의 의도를 파악하고 실수 없이 해명하는 것이 진정한 세무사의 능력입니다.

의심거래 5억 원에 대한 해명요청을 납세자에게 하였으나, 세무사의 잘못된 해명으로 의심거래금액이 오히려 증가한 예도 발생하고는 합니다. 담당 세무사가 세법 전체적인 관점에서 바라보고 해명을 했다면 그러한 실수를 하지 않았겠지만, 단순히 5억 원에 대해서만 일단 모면하자는 전략으로 오히려 의심거래액이 증가하는 어이없는 상황이 발생한 것입니다.

또한, 세무조사에 대응하는 세무사는 해당 이슈에 관계되는 세법, 시행령, 시행규칙과 판례의 변천사를 1년 단위로 정확하게 꿰뚫고 있어야 합니다. 2017년 귀속에 대한 이슈로 세무조사가 착수되었고, 담당 세무사는 2021년 세법규정을 검토 후에 해명하였습니다. 그러나 해당 이슈에 대한 2017년 세법은 한차례 개정되었으므로 2021년 세법과는 달랐습니다. 그리하여 잘못된 해명으로 인하여 세무조사의 대응을 더 어렵게 만드는 경우도 발생합니다.

마지막으로 최근 법원 판례에 따르면 고지과정에서 과세관청의 절차상 하자가 발생한 경우 부과처분을 무효로 한 판례가 잇따르고 있습니다. 그리하여 세무서에서도 절차상 이슈가 발생하지 않도록 철저한 내부점검을 하고 있습니다. 그러나 과도한 업무량이나 기타 사유로 세무조사 과정에서 절차상 하자가 드물게 발생할 수도 있습니다.

그러므로 세무조사 대응 시 조사관의 사소한 절차상 하자의 유무를 정확히 판별할 수 있는 능력 있는 세무사에게 세무조사를 의뢰하는 것이 좋습니다.

위와 같은 사유로 세무서의 소명요청에 따른 해명 시에는 세법 전체적인 관점에서 고려하고 개정세법을 철저히 검토하며, 절차상 하자 유무를 확인할 수 있는 세무사와 능동적인 소통을 거쳐 신중하게 처리할 필요성이 있습니다.

04 자금출처 세무조사

사업 운영이 아직 초보인 사업주나 막 사회에 발을 디딘 사회초년생이 본인의 자금으로 주택을 취득하기에는 자금이 여의치 않습니다. 이때 부모님이 선뜻 자녀에게 자녀 명의로 주택을 구매해준다고 합니다. 그러나 이때 취득자금에 대한 출처로 인해 발생하는 세금 문제를 생각하지 않고 덜컥 주택을 취득하면, 자금출처에 따른 세무조사가 발생하게 됩니다.

➚ 주택 취득 시 주택자금조달계획 신고는 의무!

2017년 8 · 2 대책 이후로 수많은 부동산 대책들이 쏟아지고 있습니다. 그중 하나가 바로 주택 취득 시 의무제출하여야 하는 “주택 취득자금 조달 및 입주계획서”의 부활입니다. 주택자금조달계획 신고는 지난 2015년 폐지했던 제도이지만, 부동산 시장 안정화 방안으로 부활하게 되었습니다.

2017년 8 · 2 대책에서는 투기과열지구 내에서 거래금액 3억 원 이상 주택(분양권, 입주권 포함)을 거래 시 관할 시 · 군 · 구청에 주택자금조달계획 및 입주계획 등의 신고를 의무화하였습니다.

기존 「부동산 거래신고 등에 관한 법률」의 계약 당사자, 계약일, 거래가액 정보 외에 주택자금조달계획, 입주계획 및 자금출처 확인 등을 통해 증여세 등 탈루 여부 조사, 전입신고 등과 대조하여 위장전입, 실거주 여부 등을 확인하여 미신고자, 허위신고자 등에 대해서는 과태료를 부과하기로 한 것입니다.

그리고 지속적인 대책의 강화로 인해 2020년 6 · 17 대책에서는 2020년 9월부터 투기과열지구 · 조정대상지역 내에서 주택을 거래하는 경우 거래가액과 무관하게 주택자금조달계획서를 제출토록 하고, 투기과열지구 내 주택 거래신고 시 거래가액과 무관하게 주택자금조달계획서 작성 항목별 증빙자료를 첨부하여 제출토록 하였습니다.

관할 시 · 군 · 구청에서는 증빙자료 확인을 통해 불법 증여, 대출규정 위반 등 의심거래는 집중 관리대상으로 선정하고, 실거래 신고 즉시 조사에 착수하게 됩니다. 그리고 불법 증여로 의심이 되는 거래에 대해서는 관할 세무서에 정보를 이관하여 바로 증여세 관련 해명자료 안내를 받게 됩니다.

해명자료에 대한 명확한 소명이 되지 않는다면 고액의 증여세가 추징될 수 있는데, 이 조사라는 것은 경험해보지 않은 납세자에게는 정말 극심한 스트레스로 다가옵니다.

주택 자금조달계획서 증빙서류 목록

자금구분	세부 항목	증빙서류
자기 자금	금융기관 예금액	통장사본, 예금 잔액증명서, 수표발급내역 등
	주식 · 채권 매각대금	주식거래명세서, 잔액증명서 등
	부동산 처분 대금	매매계약서, 임대차계약서 등
	증여 · 상속	증여 · 상속세 신고서, 납세증명서 등
	현금 등 그 밖의 자금	소득금액증명원, 근로소득원천징수영수증 등
차입금 등	금융기관 대출액	금융거래 확인서, 부채증명서, 대출신청서 등
	임대 보증금	전 · 월세 임대차계약서 등
	회사 지원금, 사채, 그 밖의 차입금	회사 지원금 신청 또는 입출금 내역, 차용증 등 금전 차용을 증빙할 수 있는 서류 등

10억 원의 주택을 구입할 때 부친으로부터 10억 원의 자금을 받아 본인의 예금 잔액증명서를 보여주면 되지 않느냐라는 생각을 할 수 있습니다. 그러나 이는 너무 일차원적인 접근입니다. 이제 사업 운영이 2년째 접어들어 본인의 소득금액이 2억 원 정도라고 한다면 본인이 벌어들인 소득이 2억 원이 채 안 되는 상태에서 예금 잔액증명서가 10억 원이 되었다는 것인데, 이는 나머지 8억 원에 대한 소명 논리가 부족하게 됩니다.

추후 소명 요청 시 2억 원은 본인의 소득으로 입증하였다고 가정하고, 나머지 8억 원을 단순히 부모님으로부터 증여받았다고 한다면 증여세 무신고에 대해 본세와 이에 따르는 가산세가 발생합니다. 간략하게 증여세와 가산세를 계산해보면, 무려 2억 원 이상의 세액을 납부해야 합니다.

해당 증여세를 바로 납부하지 못한다면, 가산세는 1일당 계속 늘어나게 되며, 납부가 계속 연체되면 최악의 경우에는 본인 명의 주택이 체납 처분에 의한 압류가 될 수 있습니다.

① 증여세: (8억 원-5천만 원[직계비속 증여재산공제])×30%-6천만 원
=165,000,000원

② 가산세

1) 신고불성실가산세(20% 가정): 33,000,000원

2) 납부지연가산세(100일 가정): 4,125,000원

③ 합계: 202,125,000원

나아가 납세자 대부분이 놓치는 점 중 하나는 주택 수증자에 대한 세무조사만 펼쳐질 것이라는 생각입니다. 하나 더 살펴봐야 할 것은 자금을 증여한 증여자의 경제적 능력입니다. 부친의 신고소득이 최근 5년간 5억 원도 안 되는 상황에서 10억 원의 자금을 자녀에게 증여하였다면 부친의 신고소득 누락은 없었는지를 살펴볼 수 있습니다.

이런 경우 부친은 대부분 사업을 운영 중인 고소득 개인사업자 또는 법인의 대표인 경우가 많습니다. 부친의 증여자금 소명을 위해 개인사업자 매출누락, 필요경비 과다계상 또는 법인의 불법적인 자금 유출에 대한 세무조사를 동시에 시작할 수 있습니다. 그러므로 주택 취득 시에는 명확한 자금출처 소명이 가능한지 꼭 살펴보고 접근하는 것이 필요합니다.

↗ PCI 시스템(소득-지출 분석)으로 소명이 확실한지 살펴보자!

주택 취득이 아닌 전세는 괜찮지 않을까 하는 생각을 할 수 있습니다. 그러나 전세자금은 주택자금조달계획서를 신고하지는 않지만, 앞서 설명한 PCI 기법을 통해 그 출처에 대한 소명이 발생할 수 있습니다. 이는 "재산증가액(P)+소비 지출액(C)−신고소득(I)=탈루혐의액"이라는 명료한 전제를 활용하여 탈루세액을 쉽게 찾아낼 수 있는 대표적인 조사방법입니다.

추가로 주택자금조달계획서를 작성하였듯이 전 · 월세의 경우에도 신고제를 도입하였습니다. 2019년 8월 발의된 「부동산 거래신고 등에 관한 법률」 일부 개정안에 포함된 제도로, 임대인과 임차인 간 주택 임대차(전 · 월세)를 계약할 때 임대계약 당사자, 보증금, 임대료, 임대 기간, 계약금 및 중도금과 잔금 납부일 등의 계약 사항을 30일 내에 시 · 군 · 구청에 신고하도록 하는 것이 골자입니다.

이는 준비 기간을 거쳐 2021년 6월 1일부터 시행되고 있습니다. 그러므로 자금출처의 투명함이 보장되지 않은 상태의 전세 명의자가 되는 것도 아주 큰 위험이 될 수 있습니다.

실제 국세청 홈페이지에는 주기적으로 주택 전세 및 취득에 따른 불법 증여와 양도에 대한 세무조사 보도 자료를 게시하고 있습니다. 다양한 탈세 사례에 대해 세무조사를 펼치고 있으며, 추징하는 사례를 보게 되면 국세청의 촘촘한 조사방식에 대해 간접적으로 인지할 수 있습니다.

사업장을 운영함에 있어도 PCI 시스템을 통한 세무조사는 발생할 수 있습니다. 본인 사업의 개업자금에 대한 출처조사 및 경영 중에 취득한 부동산에 대해서 자금출처 소명이 안 될 시 사업장의 매출누락을 통한 취득은 아닌지 살피기 위해 세무조사가 발생할 수 있습니다. 그러므로 언제나 큰 자금이동 시에는 자금출처조사가 발생할 수 있음을 인지하고 추후 소명요청이 올 때를 대비하여야 합니다.

05 세무조사도 트렌드가 있다

세무조사도 트렌드가 있을까요? 부정할 수는 없습니다. 최근 국민적 공분을 사고 있는 토지 등 수용을 위한 개발지역 부동산탈세나 재산증식 기회와 이익을 독식한 탈세혐의자 등에 대한 세무조사가 대표적입니다.

하지만 일반 사업자가 위 경우에 해당하지는 않습니다. 오히려 일반 사업자가 주의해야 할 세무조사 트렌드는 어떤 것이 있을까요? 국세청은 최근 새롭게 각광받고 있는 업종이나 매년 호황임에도 상대적으로 세무 검증이 부족했던 분야 등 관리 사각지대를 항상 타깃으로 세무조사 탈루혐의자를 선별하고 있습니다.

최근 각광받는 업종, 유튜버와 BJ

최근 유튜버 등 미디어 콘텐츠 창작업 업종코드 신설 이래 첫 종합소득 신고 내용이 공개됐습니다. 국회 기획재정위원회 소속 더불어민주당 양경숙 의원이 국세청으로부터 받은 '미디어 콘텐츠 창작자 수입금액 백분위 자료'에 따르면 2019 귀속연도 종합소득을 신고한 미디어 콘텐츠 창작자는 2,776명입니다. 이들이 신고한 수입금액은 총 875억 원으로, 1인당 평균 3,152만 원이었습니다.

업종코드가 생기기 전 유튜버는 '기타 자영업' 등의 코드로 소득을 신고했기 때문에 이들의 소득을 따로 파악하기가 힘들었는데, 국세청은 유튜버와 BJ 등 인터넷 · 모바일 기반 미디어 플랫폼 환경에서 영상 콘텐츠를 제작해 수익을 올리는 신종사업자의 소득을 정확하게 파악하고자 2019년 9월에 '미디어 콘텐츠 창작업'과 '1인 미디어 콘텐츠 창작업' 업종코드를 신설했습니다. 1인 미디어 콘텐츠 창작업은 스태프나 시설 없이 방송을 제작 · 진행하는 1인 유튜버가 대표적인 유형입니다.

그리고 고소득 유튜버의 경우 광고 수익을 차명계좌를 통해 받거나 소액으로 쪼개 받는 방식, 유튜버에게 광고수수료 지급 시 원천징수 미이행, 외주용역비 가공계산 등을 통해 탈세한다는 것을 확인하고 이에 대한 세무조사를 대대적으로 펼치고는 합니다.

추가로 국세청에서는 건당 1천 달러, 연간 인별 1만 달러 초과 외환거래 자료를 정밀 분석하고, 국가 간 금융정보 교환자료 등을 활용하여 이런 지능형 탈세에 대해서 정밀하게 검증하고 있습니다.

↗ 최근 호황분야 탈세자 세무조사

최근 국세청에서는 코로나19 위기상황에서 반사적 이익을 누리는 여가 · 취미 · 집콕산업 등 신종 · 호황분야 탈세자에 대한 세무조사가 이루어졌습니다. 이러한 기획조사가 이루어진 추진배경은 위기와 기회가 공존하는 산업별 양극화 상황에서 일부 코로나 승자들은 본인이 누리는 호황에 맞게 성실납세를 이어가야 하는데 다양한 탈세수법을 통해 국민들에게 상실감을 주었다는 것입니다.

이에 국세청은 경제회복의 흐름을 해치지 않도록 빅데이터를 통한 호황분야의 정밀한 조사대상을 선정하여, 다음과 같은 호황분야에서의 탈세자를 찾아냈습니다.

① 국세청 NTIS 빅데이터 자료 → 전자제품 · 골프장 · 안과 등 관련 산업은 호황, 실내운동 · 주점 · 숙박업 등은 불황

2020년 부가가치세 매출액, 신용카드 · 현금영수증 금액(국세청)

구분	호황분야	불황분야
제조 · 도소매	주방가전, 컴퓨터, 이륜차	연료, 상품종합 도매
스포츠 · 공연	골프장, 골프연습장	실내운동, 노래연습장, PC방
보건 · 복지	피부과, 안과	이비인후과, 소아과
음식 · 숙박	커피, 패스트푸드, 제과	유흥주점, 숙박, 일반주점

② 온라인 쇼핑동향 → 전자제품 · 스포츠 · 여가 · 반려동물 관련 산업은 호황, 여행 · 교통 · 문화 관련 산업은 불황

2020년 온라인 쇼핑동향(통계청)

구분	호황분야	불황분야
가전	컴퓨터, 주방가전, 통신기기	
패션	스포츠, 여가, 아동 · 유아용품	패션용품, 액세서리
식품 · 생활	식음료, 이륜차, 가구, 반려동물	
서비스	음식, e쿠폰	여행 · 교통, 문화, 공연

* 온라인 쇼핑: 코로나19로 인한 비대면 소비증가 반영

③ 국민 이동량 자료 → 반려동물 · 골프장 · 피부과 등 관련 산업은 이동량 증가, 면세점 · 축제 · 산후조리 · 영화관 등은 이동량 감소

2020년 국민 이동량(국내포털사이트)

구분	이동량 증가	이동량 감소
일상 · 쇼핑	반려동물, 가구, 주방가전	면세점, 예식장, 찜질방
스포츠 · 여가	골프장, 골프연습장, 낚시터	축제, 체육관, 호텔
의료 · 건강	피부, 안과, 정신, 성형	산후조리, 이비인후과
교육 · 문화	독서실, 자동차극장	전시관, 공연장, 영화관

대표적인 세무조사 탈루혐의는 다음과 같습니다.

① ㈜A는 고가 외제차량을 수입하여 전국 주요도시의 대형매장을 통해 공급하면서 최근 매출이 급증한 법인으로, 차량 수입단가를 조작하여 원가를 과다 계상하고, 차량튜닝 및 부품 매출대금 일부를 임직원 명의 차명계좌로 받아 현금매출을 탈루하였습니다. 또한, 고액의 가수금을 허위로 계상 후 사주 및 배우자 통장으로 돌려받아 법인자금을 유출하고, 해당 탈루자금으로 고가 아파트를 취득하였습니다.

② ㈜B는 실내자전거 등 헬스기구를 판매하는 업체로 지난해부터 코로나19로 인해 홈 트레이닝이 유행하면서 매출이 급증하자 자금 여력이 없는 사주일가로부터 자금을 차입한 것처럼 허위 차입금 수십억 원을 계상하고, 차입금 변제를 가장하여 법인자금을 유출하였습니다.

또한, 실제 근무하지 않은 친인척 다수를 직원으로 등재하여 고액의 인건비를 가공 계상하는 등 소득을 탈루하고, 수도권 지역에 고가의 아파트 · 상가 등 부동산 10여 건을 부당하게 취득한 혐의입니다.

③ C골프장은 국내 다수의 골프대회를 개최하며 유명세를 타고 코로나19로 골프수요가 급증하면서 호황을 누리는 대중제 골프장으로 지난해부터 유례없는 호황으로 이용객이 급증하자 그린피, 각종 시설 이용료 등을 크게 올리면서 수입금액을 극대화하고, 급증한 소득금액을 탈루하기 위해 특수관계인 건설사에 조경공사비를 부풀려 지급하고 인건비 등 허위비용을 계상하는 방법으로 법인자금을 부당 유출하였습니다.

또한, 골프카트 공급을 독점하는 자녀 회사에 고액의 대여료를 지급하여 경제적 이익을 자녀들에게 편법으로 이전하였습니다.

④ ㈜D는 코로나19에 따른 외식기피로 식자재 수요가 급증하자 온 · 오프라인 판매를 통해 호황을 누리는 업체로, 영업사원에게 성과급을 허위로 지급하고, 근무하지 않는 친인척을 직원으로 등재하여 인건비를 가공 계상하는 방법으로 법인자금을 유출하고 법인명의 고급차 등 십여 대의 고급 외제차를 사용하면서 호화생활을 영위하였습니다.

또한, 사업장이 존재하지 않는 해외 현지법인에 투자명목으로 외화를 송금하고 해당 국가에 유학 중인 자녀의 생활자금 등을 사적으로 사용하였습니다.

⑤ E병원은 재택근무로 안과수술 환자가 늘어나자 전문 코디네이터를 고용해 고가의 비보험시술을 내방환자에게 권유하여 크게 호황을

누리고 있는 시력교정전문 병원으로, 고가의 비보험 진료비 수입을 누락하고, 배우자 명의의 특수 관계법인으로부터 거짓세금계산서를 수취하거나 실제 근무하지 않는 가족들 인건비를 이중으로 계상하여 소득을 탈루하고, 외국국적의 자녀에게 지속적으로 외환을 송금하여 편법적으로 증여하였습니다.

⑥ F치과의사는 지역에서 호황을 누리는 교정전문 치과병원을 운영하면서 비보험 현금매출을 신고누락하고 수익을 은닉하기 위해 수십억 원을 가상자산에 투자하고, 일부 가상자산을 해외에서 체류 중인 자녀에게 편법으로 증여하여 유학자금으로 사용하였습니다.

이처럼 최근 변화하는 경제 트렌드에 발맞추어 국세청은 새롭게 각광받는 업종이나 호황분야의 탈세자에 대한 세무조사를 실시하고 있습니다. 본인의 업종이 최근 호황이 되어 그에 맞게 올라간 세금이 부담스러울 수 있지만, 탈세를 하게 되면 국세청의 세무조사 트렌드에 맞춘 기획조사 대상자가 될 수 있으니 이 점 항상 유념하여야 합니다.

PART 7

3시간에 끝장내는 초보사장 창업세금

세금 지식 이모저모

01 세금 과소납부 또는 과대납부 시 어떻게 해야 할까?

↗ 세금을 과대납부했다면 경정청구로 돌려받자

종합소득세 신고 시 경비를 누락했거나 각종 세액공제 규정을 놓쳤나요? 과세표준신고서를 법정 신고기한까지 제출한 자가 일정사유에 해당하면 경정청구를 통해 당초 초과하여 납부한 세액을 환급받을 수 있습니다.

1) 경정청구 3가지 기본요건

경정청구는 당초 신고된 내용대로 확정된 내용이 신고하여야 할 과세표준 및 세액을 초과하는 경우 또는 신고하여야 할 결손금액 또는 환급세액에 미치지 못할 때 납세의무자가 권리구제를 받을 수 있는 제도로서 납세자 권익을 보호하고 이의신청, 심사청구, 삼판청구 등 각종 불복청구로 인한 행정부담을 간소화하려는데 있습니다.

경정청구를 위해서는 다음의 3가지 기본요건이 있습니다.

① 경정청구 기한

경정청구는 오랜 시간이 지난 뒤에도 언제든지 할 수 있는 것이 아니며, 법정신고기한이 지난 후 5년 이내에 관할 세무서장에게 청구할 수 있습니다. 단, 후발적인 사유에 해당하는 경우에는 5년이 지나도 그 사유가 발생한 것을 안 날로부터 3개월 이내에 경정청구가 가능합니다.

② 경정청구 대상자

법정신고기한까지 청구의 대상이 되는 세목을 신고한 자 뿐만 아니라 신고기한을 아예 놓쳐서 기한 후 신고하는 납세자도 가능합니다.

③ 경정청구의 확정력

경청청구는 '내가 신고 · 납부한 세금이 과다하니 돌려 달라 또는 내가 받을 환급금액이 과소하니 추가로 환급해 달라'는 의미이므로, 법정신고기한까지 청구의 대상이 되는 세금신고를 한 자라도 경정청구 자체로는 확정력이 없고, 관할 세무서장으로부터 해당 경정청구의 뜻에 대한 별도의 통지가 필요합니다.

그 경정청구를 받은 관할 세무서장은 그 청구를 받은 날부터 2개월 이내에 결정 등을 하거나 할 이유가 없다는 뜻을 청구자에게 통지하여야 합니다.

2) 경정청구 사유

① 일반적인 사유

가) 과세표준신고서에 기재된 과세표준 및 세액이 세법에 따라 신고하여야 할 과세표준 및 세액을 초과할 때

나) 과세표준신고서에 기재된 결손금액 및 환급세액이 세법에 따라 신고하여야 할 결손금액 및 환급세액에 미달할 때

② 후발적인 사유

가) 최초의 신고 · 결정 또는 경정에 있어서 과세표준 및 세액의 계산근거가 된 거래 또는 행위 등이 그에 대한 소송에 대한 판결 때문에 다른 것으로 확정되는 경우

나) 소득이나 그 밖의 과세물건의 귀속을 제3자에게로 변경시키는 결정 또는 경정이 있는 경우

다) 조세조약에 따른 상호합의가 최초의 신고 · 결정 또는 경정의 내용과 다르게 이루어졌을 경우

라) 결정 또는 경정으로 인하여 그 결정 또는 경정의 대상이 되는 과세기간 외의 과세기간에 대하여 최초에 신고한 국세의 과세표준 및 세액이 세법에 따라 신고하여야 할 과세표준 및 세액을 초과하는 경우

마) 최초의 신고 · 결정 또는 경정을 할 때 과세표준 및 세액의 계산근거가 된 거래 또는 행위 등의 효력과 관계되는 ① 관청의 허가나 그 밖의 처분이 취소, ② 계약이 해제권의 행사에 의하여 해제되거나 해당 계약의 성립 후 발생한 부득이한 사유로 해제되거나 취소, ③ 부득이한 사유로 과세표준 및 세액을 계산할 수 없었으나 그 후 해당 사유가 소멸된 경우

↗ 세금을 과소납부했다면 빠른 수정신고로 가산세를 감면받자

종합소득세 신고 시 각종 세액감면 및 세액공제 요건을 충족하지 않음에도 불구하고 착오로 감면을 적용하였나요? 과소신고에 대해서 과세관청은 예정신고기한 후 개별적 판단을 통해 과소신고된 사항에 대해 해명요청 및 세액추징을 할 수 있습니다.

그러므로 세법에서는 세금신고서를 법정신고기한까지 제출한 자가 일정사유에 해당하면 수정신고 절차를 통하여 자발적으로 당초 미달하여 납부한 세액에 소정의 가산세를 합하여 추가 납부할 수 있습니다. 자진신고하지 않으면 추후 과세관청의 적발로 가산세 감면도 불가능하여 더 큰 추징액이 발생하니, 잘못된 신고로 과소납부 하였다면 빠른 수정신고로 가산세를 감면받는 것이 손실을 최소화할 수 있습니다.

1) 수정신고 3가지 기본요건

수정신고는 당초 신고된 내용대로 확정된 내용이 신고하여야 할 과세표준 및 세액에 미달하는 경우 또는 신고하여야 할 결손금액 또는 환급세액을 초과하는 경우에 납세의무자가 스스로 정정할 수 있는 제도입니다.

수정신고를 위해서는 다음 3가지 기본요건이 있습니다.

① 수정신고 가능 기한

수정신고 역시 경정청구와 같이 언제든지 할 수 있는 것이 아닙니다. 관할 세무서장이 당초 신고한 과세표준과 세액을 결정하여 통지하기 전으로서 국세부과 제척기간이 끝나기 전까지 수정신고를 할 수 있습니다.

② 수정신고 대상자

법정신고기한까지 청구의 대상이 되는 세목을 신고한 자 뿐만 아니라 신고기한을 아예 놓쳐서 기한 후 신고하는 납세자도 가능합니다.

③ 수정신고의 확정력

종합소득세와 같이 납세자가 신고 및 납부의무를 이행함이 원칙인 신고납세제도에서는 당초 신고가 납세의무를 확정하는 효력을 가지므로, 수정신고도 납세의무를 확정하는 효력이 있습니다. 그러나 정부부과 제도에서는 당초 신고가 확정력이 없으므로 수정신고도 확정력이 없습니다.

2) 수정신고 사유

① 과세표준신고서에 기재된 과세표준 및 세액이 세법에 따라 신고하여야 할 과세표준 및 세액에 미달할 때
② 과세표준신고서에 기재된 결손금액 및 환급세액이 세법에 따라 신고하여야 할 결손금액이나 환급세액을 초과할 때

3) 수정신고 시 가산세 감면

수정신고는 납세의무자 스스로 당초 신고에 미비한 점을 발견하여 세법에 맞게 신고 및 납부하는 제도이므로, 일정한 기간 이내에 수정

신고를 이행한 경우라면 다음과 같이 가산세를 감면하는 규정이 있습니다. 가산세 감면은 수정신고의무만 이행해도 적용되므로, 납부하지 않아도 적용됩니다.

법정신고기한이 지난 후	감면율
1개월 이내	90% 감면
1개월 초과 3개월 이내	75% 감면
3개월 초과 6개월 이내	50% 감면
6개월 초과 1년 이내	30% 감면
1년 초과 1년 6개월 이내	20% 감면
1년 6개월 초과 2년 이내	10% 감면

02 세금에서 가장 피해야 할 것, 가산세

세금에서 가장 중요한 사항은 기한을 지키는 것입니다. 기한을 지키지 않았을 때 발생하는 가산세를 허투루 봤다가는 원래 세액의 100%가 넘는 가산세를 추징당하는 경우도 생길 수 있습니다.

가산세란 세법에서 규정하는 의무의 성실한 이행을 확보하기 위하여 세법에 따라 산출한 세액에 가산하여 징수하는 금액을 의미합니다. 이러한 가산세는 납부할 세액에 가산하거나 환급받을 세액에서 공제합니다. 재산세와 같은 보통징수 세목을 납부기한 내 납부하지 않으면 가산세가 아닌 가산금을 추가로 납부하게 됩니다.

↗ 무신고가산세

세법에 정한 기한 내 신고를 하지 않는 것은 최악의 세법 업무 실수입니다. 어떠한 일이 있더라도 기한 내 신고를 못 하는 일이 없도록 하여야 하며, 만일 기한 내 신고를 못 한 경우에는 다음의 가산세가 추징됩니다.

구분	부정행위*가 있는 경우	부정행위가 없는 경우
법인세 · 소득세 (복식부기 의무자)	가산세액=MAX(①, ②) ① 무신고납부세액×40% ② 수입금액×14/10,000	가산세액=MAX(①, ②) ① 무신고납부세액×20% ② 수입금액×7/10,000
부가가치세	가산세액=무신고납부세액×40%	가산세액=무신고납부세액×20%
	면세사업장 현황신고 가산세: 의료업, 수의업 및 약사업 사업자가 수입금액을 무신고 또는 과소신고한 경우에는 무신고 · 과소신고 수입금액의 0.5%	
그 밖의 국세	가산세액=무신고납부세액×40%	가산세액=무신고납부세액×20%

* '부정행위'라 함은 이중장부의 작성, 장부 거짓 기장, 거짓 증빙, 재산의 은닉 · 은폐 등의 행위로서 조세의 부과와 징수를 불가능하게 하거나 현저히 곤란하게 하는 적극적 행위 등을 말합니다.

과소신고·초과환급신고가산세

신고기한 내 신고는 하였으나 과소신고하는 경우가 발생할 수 있습니다. 이때에는 과소신고 부분에 대해서 무신고보다는 낮은 가산세가 부과됩니다. 그러므로 신고기한이 임박하였다면 우선 완벽하지 않은 신고서라도 제출하여 가산세액을 낮추는 것이 전략적으로 필요합니다.

구분	가산세액
법인세·소득세 (복식부기 의무자)	가산세액=①+② ① MAX(㉠, ㉡) ㉠ 부정행위로 인한 과소신고납부세액×40% ㉡ 부정행위로 인하여 과소신고된 과세표준 관련 수입금액×0.14% ② (과소신고납부세액 등-부정행위로 인한 과소신고납부세액 등)×10%
부가가치세	가산세액=①+② ① 부정 과소신고분: 부정행위로 인한 과소신고납부세액×40% ② 일반 과소신고분: (과소신고납부세액-부정행위로 인한 과소신고납부세액)×10%

구분	가산세액
그 밖의 국세	가산세액=①+② ① 부정행위로 인한 과소신고납부세액×40% ② (과소신고납부세액 등-부정행위로 인한 과소신고납부세액 등)×10%

신고불성실가산세의 감면

법정신고기한이 지난 후 신고하거나 수정신고를 하는 경우 신고불성실가산세를 감면합니다. 이는 조속한 자기 시정을 유도하고 납세자부담을 경감시키기 위해서입니다.

1) 무신고에 따른 기한 후 신고 시 가산세 감면

법정신고기한이 지난 후	감면율
1개월 이내	50% 감면
1개월 초과 3개월 이내	30% 감면
3개월 초과 6개월 이내	20% 감면

2) 과소신고에 따른 수정신고 시 가산세 감면

법정신고기한이 지난 후	감면율
1개월 이내	90% 감면
1개월 초과 3개월 이내	75% 감면
3개월 초과 6개월 이내	50% 감면
6개월 초과 1년 이내	30% 감면
1년 초과 1년 6개월 이내	20% 감면
1년 6개월 초과 2년 이내	10% 감면

납부지연·환급불성실가산세

신고기한 내 신고로 모든 세금업무가 마무리된 것이 아닙니다. 신고서상에 납부하여야 할 납부금액을 납부기한 내에 하지 않는다면 당연히 가산세가 발생합니다.

구분	납부지연 · 환급불성실가산세
납부지연가산세	미납부세액(이자 상당 가산액 포함)×미납부일수×0.019~0.022%(연 6.94~8.03%, 시행령 정기개정 시 시중은행 연체이자율을 감안하여 결정)
환급불성실가산세	초과환급세액(이자 상당 가산액 포함)×미납부일수×0.019~0.022%(연 6.94~8.03%, 시행령 정기개정 시 시중은행 연체이자율을 감안하여 결정)

원천징수 등 납부지연가산세

매월 진행하는 원천징수세액의 납부를 늦게 한다면 3%부터 시작하여 최대 10%까지 가산세가 부과될 수 있습니다. 매월 진행하는 업무인 만큼 절대 놓치지 않도록 하여야 합니다.

MIN[①, ②]

① 납부하지 아니한 세액 · 과소납부한 세액×3%+납부하지 아니한 세액 · 과소납부한 세액×미납부일수×0.025%

② 납부하지 아니한 세액 · 과소납부한 세액×10%

이 밖에도 부가가치세와 종합소득세에는 각 법에서 적용되는 수십 가지의 가산세들이 존재합니다. 가산세가 발생하는 대부분의 이유는 미등록, 미작성, 미수취, 미발급, 미제출, 기한경과, 의무불이행 등에 해당하는 세법의 위반사항에 대한 조치입니다.

항상 세법을 준수하고, 올바른 처리가 맞는지 다시 한 번 확인해보는 습관이 필요합니다.

03 폐업 시 꼭 챙겨야 할 업무

폐업은 어느 이유에서건 가슴 쓰린 일입니다. 하지만 재기를 위한 폐업이 될 수도 있으니 항상 마음을 다잡는 것이 좋습니다. 폐업 시 단순히 사업자등록만 정리하는 것이 아니라, 수반되는 사업장 정리 절차가 남아 있습니다. 유종의 미를 위해서 꼭 놓치지 않고 마무리를 잘하여야 추후 문제가 되는 일이 없습니다.

↗ 폐업 시 부가가치세 및 종합소득세 신고

사업자가 사업을 폐업하는 경우 또는 사업개시 전 등록을 한 경우로서 사실상 사업을 시작하지 아니하게 되는 경우에 자기생산 · 취득재화 중 남아있는 재화는 자기에게 공급하는 것으로 보게 됩니다. 여기서 '자기생산 · 취득재화'란 매입세액이 공제된 재화를 말합니다.

폐업 시 남아있는 재화에 대하여 재화의 공급으로 의제하는 이유는 개인적 공급 및 사업상 증여의 경우와 마찬가지로 폐업 시 남아있는 재화에 대하여는 사업자가 아닌 자기에게 재화를 공급한 것으로 보아 그에 대한 부가가치세를 거래 징수하여 매출세액을 발생시켜 공제받은 매입세액을 과세관청이 회복시킴으로써 그 남아있는 재화를 다른 사업자로부터 구입하여 사용하거나 소비하는 경우와 동일한 부가가치세 부담을 지도록 하기 위한 것입니다.

그러나 매입세액이 공제되지 아니한 남아있는 재화를 다시 과세하는 것은 과세불형평 및 중복과세의 소지가 있고, 개인적 공급과 사업상 증여의 경우에도 재화의 공급으로 보지 않는 것과 형평을 유지할 필요성이 있어 폐업 시 잔존재화로서 매입세액이 불공제되는 재화에 대하여는 과세되는 재화의 공급으로 보지 않습니다.

폐업에 따른 부가가치세 신고 및 납부는 폐업일이 속하는 달의 다음 달 25일까지 하여야 합니다. 면세사업자의 경우는 그 다음해 2월 10일까지 면세사업장현황신고를 하면 됩니다. 꼭 기한을 놓치지 않고 마무리하여 가산세가 발생하지 않도록 하는 것이 좋습니다.

이 외에 폐업 전까지 발생한 사업소득과 본인의 다른 소득을 합쳐서 그 다음해 5월에 종합소득세 신고도 놓치지 않고 하여야 합니다.

폐업 시 4대 보험 상실신고와 사업장 소멸신고

사업장 자체를 폐업신고하면 4대 보험 업무도 자동적으로 소멸된다고 알고 있는 사업자가 많습니다. 그러나 근로자가 있다면 4대 보험 상실신고와 사업장 소멸신고도 폐업시점에 직접 처리하여야 합니다.

먼저 근로자가 있다면 4대 보험 상실신고부터 하여야 합니다. 신고 방법은 사회보험통합징수포털에서 인터넷 신고 또는 관할 4대 보험

공단에 팩스 신고 등의 방식을 통해서 할 수 있습니다. 폐업으로 인한 상실신고 시 꼭 상실사유에 '폐업으로 인한 상실신고' 코드를 구분하여 기재하여야 합니다. 폐업으로 인한 상실은 실업급여의 조건에 부합하기 때문에 상실코드와 사유 기재가 중요합니다.

4대 보험 상실신고와 더불어 보수총액 신고도 소멸일로부터 14일 이내에 하여야 합니다. 일반 근로자를 포함하여 법인 대표자는 건강보험 상실신고를 하면 바로 건강보험 퇴직정산보험료가 계산되어 나옵니다.

하지만 개인대표자의 경우는 종합소득세 신고를 해야 하기 때문에 건강보험료 보수총액을 어떻게 책정해야 할지 난감할 수 있습니다. 개인사업장의 경우는 먼저 사업장 탈퇴신고와 함께 건강보험, 국민연금 상실신고서를 같이 접수합니다. 건강보험공단에서는 개인대표자의 경우 어떠한 보수총액을 입력하여 신고하더라도 제로정산이 되게끔 금액을 조정해줍니다. 따라서 일반 근로자들과 같이 바로 정산보험료가 산출되지 않고, 다음연도에 종합소득세 신고를 하고 추후 정산이 됩니다.

개인사업자의 보수총액 계산은 개인사업자는 매달 급여를 책정하여 받아가지 않기 때문에 공단에 신고되어있는 보수월액에 해당연도 근무월수를 곱하여 보수총액을 잡아서 신고하면 됩니다. 건강보험공단에서 사업장의 폐업사실과 함께 개인대표자의 보수총액이 확인되면, 사업장은 소멸되었을지라도 사업장 사용자로 건강보험 정산분 고지서가 발송됩니다.

이렇게 근로자의 4대 보험 상실신고가 끝났다면, 국세청 폐업신고와 같이 각 공단에도 '사업장' 소멸신고를 하여 폐업관련 4대 보험 업무를 마무리할 수 있습니다.

↗ 폐업자를 위한 지원사업

1. 국세청의 세금 멘토링 서비스

폐업자를 위한 국세청 멘토링 서비스가 있습니다. 경제적인 사정으로 세무대리인을 선임하지 못하는 영세납세자에게 나눔세무 · 회계사가 사업주기별 맞춤형 서비스를 통해 세금문제 해결을 도와주는 제도입니다.

폐업자 멘토링 서비스는 폐업 후 세금신고할 사항, 폐업신고 시 유의사항, 사업자가 반드시 알아두어야 하는 세금제도 등에 대해서 폐업일이 속하는 과세사업연도의 소득에 대한 종합소득세 확정 신고 또는 법인세 정기신고 시까지 1 : 1 맞춤형 세무자문 서비스를 제공하고 있습니다.

부동산임대업, 성인오락실, 고소득 전문직종 등 적용예외 업종과 조세범칙 위반자 등은 지원대상에서 제외됩니다.

2. 고용노동부 & 소상공인시장진흥공단의 희망리턴패키지

폐업을 고민 중이거나 이미 폐업한 소상공인이라면 눈여겨볼 만한 정부 정책이 있습니다. 고용노동부와 소상공인시장진흥공단이 지원하는 '희망리턴패키지'입니다.

희망리턴패키지란 폐업 소상공인의 재기를 돕는 지원사업입니다. 폐업 후 취업을 희망하는 소상공인에게, 폐업에서 취업에 이르기까지의 과정을 단계별로 지원합니다. 폐업 시 발생하는 비용지원과 법률자문을 받을 수 있는 것이 큰 장점입니다.

1) 폐업단계

① 폐업 방법이 생소할 때: 사업정리 컨설팅

사업정리 컨설팅은 크게 일반, 세무, 부동산 세 분야로 나눕니다. 각 분야의 전문 컨설턴트에게 절세 · 신고사항 및 자산 · 시설 처분 방법 등의 구체적인 상담을 받을 수 있습니다.

② 점포 정리 비용이 부담될 때: 점포 철거비 지원

폐업 시 발생하는 철거 및 원상복구 비용을 지원받을 수 있습니다. 지원금액은 '최대 200만 원 한도'입니다. 사업정리 비용이 걱정인 소상공인의 부담을 최소화하기 위해 만들어진 정책입니다(오프라인 점포가 필요).

③ 폐업 이후 진로가 막막할 때: 재기교육

소상공인시장진흥공단은 재취업 의사가 있는 소상공인들에게 취업 역량 강화를 위한 교육을 실시하고 있습니다.

폐업 후의 삶을 도모할 수 있도록 취업시장 정보, 취업성공사례 등의 교육을 무료로 제공합니다.

④ 법적인 도움이 필요할 때: 법률자문 지원

폐업 관련 법률사항이 어려울 때, 변호사가 직접 찾아가는 자문 서비스를 제공받을 수 있습니다. 법령해석 및 법률 서류작성 대행 등의 업무를 지원합니다.

폐업과정에서 발생하는 피해를 최소화하고, 소상공인의 권리와 재산권을 보호하기 위해 만들어진 정책입니다.

2) 폐업 이후 단계

폐업신고를 마친 후 취업활동 중이거나 이미 취업한 사람은 '전직장려수당'을 신청할 수 있습니다. 다만, 전직장려수당 신청을 위해서는 희망리턴패키지(사업정리컨설팅, 재기교육, 재기캠프)를 수료해야 합니다.

지원 금액은 최대 100만 원(소득세 별도)입니다. 폐업 완료 후 구직활동을 꾸준히 하는 분들께 추천드립니다.

04 알아두면 좋은 세금 지식

↗ 세금납부 기한을 연장할 수 있나요?

최근 코로나19로 힘든 시기를 보내고 있는 상공인을 위로하고, 다각적인 세정지원을 위해서 국세청에서는 납부기한을 연장해주고 있습니다.

어떠한 사유에 납부기한 연장을 신청할 수 있을까요? 다음의 경우에 해당하는지 확인하여 납부기한을 연장하는 것도 절세방안 중 하나입니다.

① 납세자가 재난 또는 도난으로 재산에 심한 손실을 입은 경우

② 납세자가 경영하는 사업에 현저한 손실이 발생하거나 부도 또는 도산의 우려가 있는 경우

③ 납세자 또는 그 동거가족이 질병이나 중상해로 6개월 이상의 치료가 필요한 경우 또는 사망하여 상중(喪中)인 경우

④ 그 밖에 납세자가 국세를 납부기한 등까지 납부하기 어렵다고 인정되는 경우로서 대통령령으로 정하는 경우(권한 있는 기관에

장부나 서류 또는 그 밖의 물건이 압수 또는 영치된 경우, 정전, 프로그램의 오류, 한국은행 및 체신관서의 정보처리장치나 시스템을 정상적으로 가동시킬 수 없는 경우, 금융회사 등 · 체신관서의 휴무, 세무사가 화재, 전화(戰禍), 그 밖의 재해를 입거나 해당 납세자의 장부를 도난당한 경우 및 이에 준하는 사유가 있는 경우)

↗ 분납 제도

거주자의 종합소득세 납부세액이 1천만 원을 초과하면 다음의 분납 제도를 활용하여 일시적인 자금순환의 어려움을 극복할 수 있습니다.

분납가능 금액

① 납부세액이 2천만 원 이하일 때에는 1천만 원을 초과하는 금액

② 납부세액이 2천만 원을 초과하는 때에는 그 세액의 50% 이하의 금액

해당 분납가능 금액을 납부기한 경과 후 2개월 이내에 분납할 수 있습니다. 납부세액 일부를 분납하고자 하는 자는 과세표준 신고 및 납부계산서에 분납할 세액을 기재하여 확정 신고 납세지 관할 세무서장에게 신청하여야 합니다.

종합소득세와 달리 부가가치세에서는 분납제도가 없습니다. 그러므로 부가가치세 납부시점에 납부금액이 부족할 수 있으니, 매출의 일정 금액은 항상 부가가치세 납부 몫으로 보유하고 있어야 합니다.

↗ 억울한 세금부과는 조세불복을 고려하자

조세는 국가권력에 의하여 개별적인 반대급부 없이 국민으로부터 강제로 징수한다는 점에서 조세권이 남용되면 국민의 재산권을 침해할 가능성이 있습니다.

따라서 과세관청의 위법 부당한 처분에 대하여 그 권리 또는 이익을 침해받은 자는 구제를 받을 수 있는 불복절차가 필요합니다. 이를 해결하기 위해 조세불복제도가 있습니다.

조세불복제도는 국가의 재정권에 대한 국민의 권익을 보호할 뿐만 아니라 조세행정의 권리남용을 방지하고 위법 · 부당한 과세처분에 대하여 국민의 권리와 이익을 구제하며, 조세법 질서의 유지와 조세 정의를 기하는데 의의가 있습니다.

조세불복제도는 법률의 근거 없이 국가는 조세를 부과 · 징수할 수 없고, 국민은 조세의 납부를 요구받지 않는다는 원칙으로써 과세요건 법정주의와 과세요건 명확주의로 요약됩니다.

과세요건 법정주의란 국가 조세 부과권의 행사와 국민조세부담의 한계를 명확하게 하기 위하여 과세요건과 납세방법 · 시기 · 징수절차 등 과세처분에 관한 모든 사항은 의회가 제정한 법률로 정하여야 한다는 것이고, 과세요건 명확주의란 조세규정의 내용을 상세하고 명확히 함으로서 조세행정기관의 자의적 해석과 자유재량을 배제하도록 하여 조세에 관한 국민의 법적 안정성과 예측가능성을 보장해야 한다는 것입니다.

조세불복 방식은 이의신청, 심사청구, 심판청구, 행정소송이 있고, 여기서 심사청구로는 국세청장에게 심사를 청구하는 '심사청구'와 감사원에 심사를 청구하는 '감사원 심사청구'가 있습니다.

국세청장은 심판청구를 한 처분 외의 처분에 대해서는 그 처분의 전부 또는 일부를 취소 또는 변경하거나 새로운 처분의 결정을 하지 못하며(불고불리의 원칙), 심판청구를 한 처분보다 청구인에게 불리한 결정(불이익변경금지의 원칙)을 하지 못합니다. 그러므로 국가를 상대로 싸우게 되면 나중에 불이익이 생기는 것 아닌가라는 걱정은 하지 않아도 됩니다.

창업에 도움이 되는 사이트(참고문헌 및 참고 사이트)

- KOSIS 국가통계포털: https://kosis.kr/
- 중소벤처기업부 창업진흥원: https://www.k-startup.go.kr/
- 소상공인시장진흥공단: https://www.semas.or.kr/
- 신용보증재단중앙회: https://www.koreg.or.kr:444/
- 신용보증기금: https://www.kodit.co.kr/
- 국세청: https://www.nts.go.kr/nts/main.do
- 국세청 홈택스: https://www.hometax.go.kr/
- 국세법령정보시스템: https://txsi.hometax.go.kr/
- 정부24: https://www.gov.kr/portal/main
- 사회보험 통합징수 포털: https://si4n.nhis.or.kr/
- 고용노동부 퇴직연금: http://www.moel.go.kr/pension/index.do
- 두루누리 사회보험료 지원: http://insurancesupport.or.kr/
- 일자리 안정자금: http://jobfunds.or.kr/
- 고용보험 청년추가고용장려금: https://www.ei.go.kr/
- 고용노동부 청년내일채움공제: https://www.work.go.kr/youngtomorrow/index.do
- 등록민간임대주택 렌트홈: https://www.renthome.go.kr/

저자소개

세무사 **이 장 원**

- 장원세무사 대표
- 고려대 문과대학 졸업 · 연세대 법무대학원 조세법 졸업
- 대한중소병원협회 · 대한의료법인연합회 · 대한요양병원협회 자문세무사
- 근로복지공단 · 경기도의사회 등 병원회계 · 세무 · 자산관리 강사
- 동아일보 · 매일경제 · 서울경제 · 조세금융신문 · 굿모닝경제 등 언론사 기고 및 자문위원
- (재)광주복지재단 외 다수 종합병원 환자대상 양도 · 상속 · 증여 재능기부
- 저서 「의사의 세금」, 「나의 토지수용보상금 지키기」, 「한 권에 담은 토지세금」, 「지출증빙 관리실무」
- "두려울 때 꺼내보는 비법, 두꺼비 세무사" 유튜브 및 블로그를 통해 병원세금과 자산관리 정보를 제공하고 있다.

저자소개

세무사 **이 성 호**

- 세무사이성호사무소 대표
- 고려대학교 법무대학원 조세법학 석사과정
- 한국세무사회 중소기업위원회 상임위원
- 대한중소병원협회 자문세무사
- 대구광역시청 감사청구심의위원
- 대구지방세무사회 감리위원
- 저서「나의 토지수용보상금 지키기」,「한 권에 담은 토지세금」
- "사전 절세플랜 컨설팅 전문가, 이성호 세무사입니다"블로그를 통해 창업지식과 세금정보를 제공하고 있다.

CEO **최 성 화**

- 다년간의 창업경험을 바탕으로 창업컨설팅 회사를 운영하며, 오늘도 예비 창업자와 사업에 어려움을 겪고 있는 사업자를 돕고 있다.